Uwe Preuss

Katzensprung

S. FISCHER

MIX
Papier aus verantwortungsvollen Quellen
FSC® C083411
www.fsc.org

Originalausgabe
Erschienen bei S. FISCHER

Satz: Dörlemann Satz, Lemförde
Druck und Bindung: CPI books GmbH, Leck
Printed in Germany
ISBN 978-3-10-397426-3

Inhalt

Das Auge

Bei Omi. Prager Straße.

Dresden 1979

Ich stochere in den Pedalen meines Sechsundzwanzigers. Hebe kurz vor der Steigung den Hintern aus dem Sattel. Um erneut Schwung zu holen. Kurz vor der Brühlschen Terrasse. Biege dann in die Prachtstraße ein, mit nur einer Hand am Lenker.

Ab hier geht es unmerklich bergab Richtung Bahnhof. Ich kann den Fahrtwind spüren. Der trocknet mir den Schweiß auf dem Gesicht. Lege den Gang für ebene Strecken ein. Rechts das Gleisbett der Straßenbahn. Auf der anderen Seite vorbeiknatternde Zweitakter und Abgase.

An der vorderen Radnabe hab ich einen Kilometerzähler angebaut. Der hat an der Seite ein Ritzel wie 'ne Spielzeugschiffsschraube. Das wird von einem Mitnehmer an den Speichen bewegt. Als er neu war, hab ich die Radumdrehungen mitgezählt. Bis wieder eine neue Ziffer in die Anzeige klackerte. Die Hundert-Meter-Taktung in Rot. Der Kilometerstand in Schwarz. Drei Ziffern. Nach eintausend Kilometern würde alles von vorn anfangen. Ob ich wohl dabei bin, wenn sich alles wieder auf null stellt? Oh! Fast hätte ich den Mann übersehen. Mit ausgestreckten Armen steht er mitten auf der Kreuzung. Regelt mit einem schwarz-weißen Stab den Verkehr. Die Felgenbremsen sind gut eingestellt – das weiß ich jetzt!

Schon von weitem kann ich Omi ausmachen. Sie wartet wie immer auf mich, hinter der Balkonbrüstung. Wobei, Balkonbrüstung sagt sie nicht. Nie. Stolz ist sie auf ihre moderne Loggia. Mit Blick auf die Turmuhr des Dresdner Rathauses. Ganz oben auf der Kuppel ein Mann mit ausgestrecktem Arm. Ganz aus Gold. Das Rad stell ich neben der Haustür ab. Ein Blick auf den Kilometerzähler gehört dazu.

Klingeln, Summer, Tür springt auf. Hinter den großen Glastüren der Fahrstuhl. In der vierten Etage steigt mir der vertraute Geruch von Sonntagsbraten und Bohnerwachs in die Nase. Noch genau drei Schritte, und die Nachbarin wird ihre Tür aufmachen. Um ihren Fußabtreter zu wenden. Das macht sie immer, wenn jemand den Flur betritt. So auch heute. Sie trägt eine Kittelschürze und nestelt beiläufig ein paar Flusen vom Boden. Ich seh doch, dass da nix ist. Bin schon an ihr vorbei. Kurzer Blick zurück. Hab genau gesehen, wie sie sich beim Verschwinden beeilt.

Ganz hinten im Flur steht dann Omi Gretel. Sie würde nie eine Schürze tragen. Außer zum Kochen. Heute hat sie eine weiße Bluse und den blauen Rock an. Und die Ohrringe, ein Geschenk von Erich zu Vatis Geburt.

Erich – ihr Mann – hat sie ihr geschenkt. Ist klar oder?! Die langen grauen Haare hat sie unter einem Haarteil hochgesteckt. Das dauert ewig, und die vielen Nadeln. Ich gebe ihr einen Kuss auf die Wange. Sie sagt, pass auf, mein Dutt. Ich pass ja auf und gebe ihr gleich noch einen Kuss. Auf die andere Seite. Sie riecht nach 4711. Spät dran heute, brummt sie, dreht sich um und eiert schon mal durch die kleine Diele in ihr Zimmer. Das »Eiern« kommt vom nicht operierten Hüftschaden. Vorher hat sie in einer Beletage-Wohnung gelebt. Sechs Zimmer, hohe Decken und Parkett. Aber ohne Balkon. Mit Ofenheizung. Toilette auf halber Treppe. Vor zwei Jahren hat sie ihre Wohnung gegen dieses Appartement in der Prachtplatte eingetauscht. Vor der Haustür die Kaufhalle. Auch Friseur, Plattenladen, Post und Restaurants.

Auf dem kleinen Klapptisch draußen liegt ein Fotoalbum. »Familie Schindler« lese ich. Stolz erzählt sie mir wieder, wie sie gleich nach dem Ersten Weltkrieg das Dresdner Fröbel-Seminar besucht hat. Danach konnte sie sich ihre Anstellungen aussuchen. Als Kindermädchen bei Industriellenfamilien. In Coburg und Wuppertal. Zum Abschied gab's meistens Tränen, Blumen, ein Buch mit Bildern von ihr mit den Kindern. Und den Eltern vor dem Auto und der Villa.

Jetzt setzt Omi sich in ihren Lehnstuhl. Der ist ihr noch aus der alten Wohnung geblieben. An der Wand hängt ein Blumentopf in einer Halterung. Eine Fuchsia. In voller Blüte. Ich muss pinkeln. In der Diele am Spiegel vorbei. Der hat schon zwei Weltkriege überstanden. Keine Pickel, nur das mit der Frank-Zappa-Matte will nicht so richtig klappen. Zu dünn und flusig sind die Haare. Was bei den anderen wild aussieht, macht meine Frise nur noch trauriger. Omi nennt mich nur noch Lumpi, seit sie hinten über den Kragen gewachsen sind. Hat sie jemals Uwe gesagt? Vorher hieß ich einfach Na-mein-Junge.

In der Stube das Buffet. Oben zwei Schiebefenster. Dahinter Sammeltassen, Likörgläser, Stocknägel aus Bayern und der Uller aus der Sächsischen Schweiz. Unten drin die Tischläufer, Platzdeckchen, Untersetzer. Alles mit bunten Stoffbändern zu ordentlichen Päckchen geschnürt. Ganz anders als das Durcheinander bei mir zu Hause. Auf der linken Seite die Schubladen. Ich mach sie gern auf und zu. Ich darf das. Wie gesagt: ich! In den Besteckkästen ist nicht mehr viel drin. Nach dem Krieg mussten sie das Silber zu Geld machen. Aber gläserne Messerbänkchen konnte man damals nicht gegen Brot tauschen. So sind sie in der Familie geblieben. Erzählte sie mir mal. In der mittleren Schublade liegen Portemonnaies mit altem oder ausländischem Geld. Auch Ausweise und gesammelte Ansichtskarten von ihrem Sohn aus den letzten Jahrzehnten. Und unbeschriftete Schwarzweißfotos von Leuten, die ich nicht kenne. Hinter der Blechdose mit den Knöpfen ein blaues Samtetui. Schon oft hatte ich es in den Händen. Dachte immer, das ist für Ringe oder so was. Heute nehme ich es raus.

Will endlich wissen, was drin ist. Also den Daumen auf den winzigen goldenen Drücker. Der Deckel springt auf. Fast wäre es mir aus der Hand gefallen. Aus weißem Satin schaut mich ein Auge an. Mit Pupille und einer grüngrauen Iris.

Wo bleibst du denn, Lumpi?, ruft sie mich. Und kommt ins Zimmer. Was ist das?, frage ich und strecke ihr meine leicht zitternde Hand mit dem Etui entgegen. Ach, das ist Opas Glasauge. Magst du einen Kinderkaffee? Sie geht Richtung Kochzeile. Glasauge? Opa? Den haben doch die Russen nach dem Krieg mitgenommen, hat es immer geheißen. Als ich Omi noch in der alten Wohnung besuchte, war meine Vorstellung davon so: Uniformierte, die »dawai, dawai« brüllten, zerrten Opa aus der Wohnung und stießen ihn die Treppe runter. Vor dem Haus muss dann der Pritschenwagen gestanden haben. Darauf ängstlich kauernde Menschen, die waren auch von den Russen abgeholt worden. Da hätten sie sich dann gegenübergesessen mit ihrer Furcht und Verzweiflung. Die Laderampe wäre hochgeklappt worden und der Wagen übers Kopfsteinpflaster Richtung Elbbrücke gerumpelt. Bis man ihn nicht mehr gesehen hätte. Aber nie hatte Opa in meiner Vorstellung ein Glasauge! Nein! Unmöglich! Haben die ihn ohne …? Jetzt seh ich Opa auf der Pritsche hocken. Mit einem schwarzen Loch im Gesicht. Da, wo sein Auge mal gewesen ist.

Komm, hilf mir mal! Omi stellt das Tablett mit Kaffee und Milch und einer großen Schüssel getrockneter

Hagebutten auf den Tisch. Eigentlich pule ich die weißen Kerne gern raus, bin stets voller Vorfreude. Nehme sie als Juckpulver am nächsten Tag mit in die Schule. In die Pullis der Mädchen, am Nacken werden sie reingebröselt. Klar bitten sie dann quiekend um Hilfe. Mit etwas Glück berühren wir, die Jungs, den Verschluss eines BHs. Wie sonst kommt ein Fünfzehnjähriger da ran. Höchstens zu Hause. Aber Mutti hat wattierte, mit hautfarbenen Schalen. Nix für erotische Phantasien. Ist halt die Mutter.

Heute, bei Omi, interessieren mich die Hagebutten kein bisschen. Denke immer noch an Opa bei den Russen. Öffne das Kästchen wieder und nehm das Auge heraus. Eine Halbschale. Hab mir Glasaugen immer wie Murmeln vorgestellt. Schwer, rund und massiv. Das hier wiegt nichts. Ist flach und leicht gebogen. Wieso hatte Opa das? Aber Omi unterbricht mich wieder. Sag mal, Lumpi, du wolltest doch schon beim letzten Mal das Altpapier wegbringen? Das kannste gleich noch machen! Für drei Kilo gibt's bei der Rohstoffannahme fünfzehn Pfennige. Inzwischen, sehe ich, haben sich auf dem Fußpedal der alten Singer-Nähmaschine schon Zeitungen für mindestens eine Mark angesammelt. Das Geld ist mir schnuppe. Ich will hierbleiben. Genau jetzt!

Auf einmal hat sie es eilig. Steht schon in der Tür. Hat ihre Straßenschuhe an. Und die beige Strickjacke. Ich geh schon mal vor, den Fahrstuhl holen. Bei der Runterfahrt ist sie ernst. Damit das ein für alle Mal erledigt ist!, diese Ansage kommt urplötzlich. Ich nicke. Wie es sich für den braven Enkel gehört. Ja, Omi? Opa war im Krieg in der Schreibstube an der Ostfront. Ein Querschläger hat ihn im Gesicht getroffen. Welche Seite? Lange her, sagt sie. Thema erledigt.

Wir laufen zur Straßenbahn. Fahren schweigend in der 11 Richtung Bühlau. Oma macht aus jeder Besorgung einen Ausflug. Sie geht nicht zum Bäcker an der Ecke. Nein. Sie fährt zu dem am Weißen Hirsch. Wenn sie Brot aufschneidet, sammelt sie die Krumen in einer Papiertüte. Schon als ganz kleines Kind ging ich oft mit ihr in einen der vielen Parks. Überall hatte sie ihre Lieblingsbank. Dort wurden die Brösel mit den Fingern der rechten Hand aus der Tüte genommen und auf den Handteller der linken gelegt. So stand sie lange da, ohne sich zu bewegen. Bis sich der erste Vogel traute. Dann blitzten ihre Augen. Es hatte wieder einmal geklappt. Aber mir fehlte die Geduld. Ich verschüttete alles oder konnte einfach nicht still stehen. Und die Omi Gretel immer so ruhig und gelassen.

Das ist sie auch jetzt. Als wäre es nicht Opas Auge, das da oben noch auf dem Esstisch in der Schatulle liegt. Als gehörte es bloß irgendeinem Menschen. Den sie nie gekannt hatte. Die Straßenbahn fährt über die Albertbrücke in die Neustadt. Sie sitzt mir gegenüber. Die Handtasche auf dem Schoß. Ich schaue abwechselnd raus und wieder zu ihr. Sie ist schön.

Fünfundachtzig ist sie geworden. 1984. Kerngesund bis zuletzt. Brauchte keine Hilfe. Zum Rosengarten an der Elbe ist sie gelaufen. Herrn Fiebig, den Homöopathen, der mir Schach beibrachte, hat sie in Weißig besucht. Oder ist zu ihrer Freundin Dorle in die Villa nach Radebeul-West gefahren.

Mein Vater drängt darauf, dass die Wohnung leergemacht wird. Die neuen Mieter sollen einziehen. Meine Schwester Biggi und ich können uns noch etwas aussuchen. Ich öffne das Buffet noch einmal. Nehme ein Paket mit dunkelblauem Band heraus. Meine Lieblingsfarbe. Omis Kölnisch Wasser riecht immer noch. Das Fotoalbum von den Schindlers packe ich auch ein. Als Andenken am Uroma. Sollte ich doch mal Kinder haben. Alles andere ist mir zu groß, zu sperrig. Wo soll das alles hin bei meinem unsteten Leben? Opas Auge nehme ich mit. Verabschiede mich von Omas Wohnung.

Mit der Straßenbahn bis Theaterplatz. Zu Fuß auf die Brücke, über die in meiner Phantasie der Pritschenwagen mit Opa nach Russland fuhr. Schaue über die Brüstung, aufgewühltes Wasser, der Kieselstrand am Ufer. Stelle die Tasche mit dem Päckchen und dem Fotoalbum ab. Greife nach dem Etui in meiner Hosentasche. Behutsam nehme ich das Glasauge heraus und stecke die leere Schachtel wieder zurück. Noch einmal schau ich mir es ganz genau an. Das Augenweiß, die Pupille, die Iris drumherum. Es liegt jetzt in meiner lockeren Faust. Dann hole ich aus und werfe. Es dreht sich immer schneller und fliegt in einer perfekten Parabel durch die Luft. Dann versinkt es im Fluss. Der weiter Richtung Nordsee fließt.

Hallodri

Die Kurve in der Elbe.

Grödel 1957

Vati war da. Immer wieder schön. Am Abend geht der letzte Zug nach Dresden, er schon in der Tür, dreht sich um. Ich hab dir was dagelassen. Du wolltest doch wissen, wie das war. Mit Opa.

Ja. Danke.

Zu Hause, auf dem Schreibtisch, eine Unterlagenmappe. »Waldner« steht drauf. Das ist doch die letzte Firma, für die Vati gearbeitet hat. Auch schon wieder fünfzehn Jahre her. Ganz oben abgeheftet die Sterbeurkunde von Erich, seinem Vater. Darunter Arbeitsbuch, Urkunden, Zeugnisse, Bescheinigungen, Empfehlungsschreiben. Ganz unten eine Fahrkarte. 28 Pfennige. Sächsische Dampfschifffahrt. Datum, Stempel. Gestanzt.

Ach so. Am 5. November 1956 hat Erich Ernst Waldemar Preuß am Spätnachmittag einen Seitenraddampfer bestiegen. Dresden–Riesa. Er oben auf Deck, alle anderen im beheizten Fahrgastraum. Sehe ihn vor mir. Seine Augen tränen vom Wind. Auf der rechten Seite nur die gläserne Halbschale. In der Familie ging die Legende, er habe sein Auge durch einen Querschläger im Zweiten Weltkrieg verloren. Eine schöne Geschichte, fand Opa. Nur wenige wussten, dass er das Auge schon 1917 eingebüßt hatte. Als Kontorist in der Hufnagelfabrik Moeller & Schreiber in Eberswalde. Ein Mecklenburger Kaltblut erwischte ihn vor seiner Schreibstube wuchtig am Kopf. Bloß gut, dass sein fehlendes Auge der einzig bleibende Schaden war. Die Wunde verheilte unter einer Augenklappe. Hat die Verletzung seinen Schlag bei Frauen gemindert? Auf keinen Fall.

Zeugnis 1915. Höhere Handelsschule Berlin-Neukölln. Zweites Lehrjahr. Vielleicht hieß sie Dorothea, über zehn Jahre älter, nahm ihm seine Jungfräulichkeit mit kaltblütiger Routine. Wie bei vielen seiner Klassenkameraden. Vielleicht war er der Einzige, der wiederkommen durfte. Nach der Lehre konnte er nicht nur mit Zahlen umgehen.

Ich öffne das Fenster. Der Nachbar heizt an. November. Rauch zieht in mein Arbeitszimmer. So muss es gerochen haben, als Opa im zweiten Kriegswinter zur Arbeit ging. Mitten durch die Mietskasernen im Scheunenviertel. Weiter bis zur Uniformfabrik Mohr & Speyer in der Jägerstraße 14. Arbeitszeugnis. Das erste von vielen. Alle Arbeitgeber bescheinigen ihm Zuverlässigkeit, rasche Auffassungsgabe, hervorragende Dispositionsfähigkeit. Und vermerken, dass er die Firma auf eigenen Wunsch verlassen hat.

Arbeitsbuch, 1921. Kurz angestellt im Kreiswirtschaftsamt und der Franz-Wienholz-Margarinefabrik in Prenzlau. Mensch, war der viel unterwegs. Inzwischen wieder in Berlin, steht da. Als Buchhalter im Schönefeld-Möbelhaus. Foto mit Widmung. Deine Agathe. Wo hat er die denn getroffen? Ach hier. Lesehalle »Deutsche Gesellschaft für Ethische Kultur«. Neue Schönhauser Allee. Dort war bestimmt viel los. Wenn nicht, konnte man wenigstens gratis Zeitung lesen. Da sitzt er. Ich kann ihn sehen. Dann lässt sich jemand keuchend auf den Stuhl neben ihm fallen. Passen Sie doch auf, meine Morgenpost! Ein Blick, sie lacht. Schöner Mund. Als sie ausgelesen haben, gehen sie ins Volks-Kaffeehaus. Und dann zu ihr.

Ob er auf dem Oberdeck des Raddampfers an sie gedacht hat? Ich glaube schon. Mit eigener Wohnung, ganz ohne Wirtin und mit fester Anstellung in einem Modistensalon. Einmal, im Möbelhaus vor der Lastenwaage, meinte er, stell dich doch mal drauf! Aber sie hat sich geziert. An die zwei Zentner, schätzte er. Und hatte immer herrlich viel zu tun, bis er sich ins Allerheiligste vorgearbeitet hatte. Wenn sie auf ihm saß, war er ihr völlig ausgeliefert. Runde Knie tief in der Matratze. Schenkel saugten sich an seinen Lenden fest. Er wurde hin und her geschleudert, in ihrem Rhythmus. Dann rollte sie von ihm herunter. Kurze Pause. Lustvolles Glucksen von der anderen Bettseite, und alles ging wieder von vorne los. Unglaubliche Ausdauer.

Neues Foto. Schon wieder eine. Hertha. Kopfüber im

Rhönrad. Ach, das war die aus der Straßenbahn. Opa hat Vati irgendwann die Geschichte erzählt. Und er mir. Kennengelernt hat er sie, als er ihr seinen Sitzplatz anbot. Asta-Nielsen-Bubikopf und eine Hose. Sein Angebot quittierte sie mit einem Spruch über Männer, die geistig noch im Kaiserreich leben. Ein Kriegsversehrter bedankte sich für den freien Sitz. Erich rückte auf. Ihr Parfüm und sein Charme taten das Übrige. Nach Feierabend holte er sie am Bebelplatz ab. Sie war Stenotypistin in der Geschäftszentrale der Dresdner Bank. Ich glaube, er hatte ein gutes Gespür und sie eine sichere Stellung, nicht gerade unwichtig in der Inflationszeit. Dienstags und samstags hatte sie Zeit für ihn. Gelegentlich auch sonntags. An den anderen Tagen hatte sie zu tun. Ihre Wohnung in der Danziger Straße war voll von Fotos. Barbusig beim Speerwerfen. Im Unterrock auf einem Pferd. Ganz nackt am Liepnitzsee. Sie war gelenkig und konnte sich aus dem Stand nach hinten in eine Brücke fallen lassen. Etwas für gemeinsame Turnübungen.

Er verließ Berlin und Hertha 1922. In Oelsa fand er Arbeit in einer Firma für moderne Sitzmöbel. Stempel im Arbeitsbuch. Ein lockeres Liebesleben war in der kleinen Gemeinde nicht drin. Das muss der Grund gewesen sein, dass es schon drei Monate später den nächsten Stempel gab. Dresden-Friedrichstadt, Käsefabrik Wilhelm Brühs. Auch nicht lange. Nächster Eintrag: Firma Schäfer in der Albertstadt. Ach, damals ging er mit Hilde, die eigentlich Hiltrud hieß. War das die mit der Zahnlücke? Schon wieder was Neues. 1928. Kontorist. Bei der Firma Paditz Baugewerbe. Wahrscheinlich hieß sie Elly, war zukünftige Erbin eines Kolonialwarenladens. Ihre Schäferstündchen könnten sie mangels anderer Möglichkeiten im Hotel Rothenburger Hof verbracht haben. Vermute mal, sie hat Schokolade von zu Hause mitgebracht. Und wenn er sich nach der Liebe eine Zigarette ansteckte, raschelte sie mit Stanniolpapier.

Mein Gott, fast schon verbeamtet: Ganze drei Jahre hat er es ausgehalten bei der Dresdner Frauenbuchhandlung. Als Bote. Er lieferte den Damen Bücherpakete an die Tür. Manchmal gab es einen Schnaps, gelegentlich einen Kaffee, oft Geschäker und nicht zu selten Techtelmechtel. Anders kann es nicht gewesen sein.

Hätte er nicht 1934 Oma getroffen, wäre ich gar nicht da. Sie war anders, und das erste Mal dachte er an Hochzeit. Gesagt, getan, und schon im Jahr darauf wurde Vati geboren. Sie lebten in ihrer Beletage in der Glacisstraße. Sechs Fenster nach vorne, vier zum Hof. Und wenn er abends von seiner Runde als Vertreter kam, nahm er den Jungen. Es gab nichts Schöneres, als wenn das Kind auf seinem Schoß saß. Doch irgendwann hatte er Braten, Stampfkartoffeln, Oma Gretel, Familienleben satt und haute ab. Wieder nach Berlin, wo ihm bald die Scheidungspapiere zugestellt wurden. Möglich, dass er sich erleichtert fühlte.

Muss jetzt daran denken, wie Opa auf dem Dampfer steht und das Aufklatschen der Schaufelräder hört.

Bestimmt hat er Sehnsucht nach seinem Sohn. Er ist ja noch mal zurückgekommen. Es war das zweite Kriegsjahr, und er ging von der Reichshauptstadt wieder nach Dresden. Wehrtauglich war er nicht mit seinem einen Auge. Und dann kam er mit zwei Koffern und voller Hoffnung die wohlbekannte Treppe rauf. Hat Vati mir erzählt. Der Empfang war frostig, aber Oma taute doch noch auf. So konnte er sie Anno 1942 ein weiteres Mal ehelichen. Ihre zweite Heiratsurkunde. Beruflich hätte es auch nicht besser laufen können. Er war Versicherungsagent mit eigenem Gewerbe. Die RAFADI versicherte Fahrräder, damals ein einträgliches Geschäft. Vielleicht wäre er diesmal für immer bei seiner Familie geblieben. Aber das Vaterland brauchte ihn. So landete er in Oschatz in einer Schreibstube: Buchhaltung, Sold für das 9. Artillerieregiment. Kein Waffendienst. Glück gehabt.

Auf dem Dampfer muss er an Zehren mit der Michaeliskirche vorbeigefahren sein. Große Freude, als er sich wenige Tage nach Kriegsende bis hierher durchgeschlagen hatte. Mit hastig organisierter Zivilkleidung und einem Handkarren. Nach Monaten das erste Mal die Elbe. Die Hälfte des Weges nach Hause war geschafft. Decken und Schuhe dabei, für seinen Sohn einen Fußball, der nur ein bisschen geflickt werden musste. Keine Ahnung, ob das Haus noch stand und seine Familie überhaupt am Leben war. Er ging als Einziger in diese Richtung. Fuhrwerke kamen ihm entgegen, die letzte klapprige Kuh davor. Menschen mit Fetzen am Leib. Greise, die sich auf maroden Drahteseln abstützten. Frauen, die beim Anblick des allein reisenden Mannes versteinerten. Am 13. Mai 1945 hatte er es geschafft. Stand staunend vor dem kaum beschädigten Haus inmitten all der Trümmer. Pünktlich zum Geburtstag seiner Gretel daheim. Was haben die alles mitgemacht. Bald kamen die Russen jeden Tag. Die Kommandantur nebenan im Theater. Morgens brachte einer Kohl, Kartoffeln und Fleisch. Mittags hörte man zuerst ihre Stiefel auf den steinernen Stufen knallen. Sie polterten durch die Diele und setzten sich an den Esstisch. Oma oder Vati mussten vor ihren Augen kosten, dann hauten die Iwans rein. Aber es blieb immer genug übrig, und so hat Familie Preuß die erste Zeit nach dem Krieg überstanden.

Die meisten Männer vermisst, in Gefangenschaft oder tot. Erich war die Ausnahme. Aber ein Jahr später haben sie ihn doch noch gekriegt. Dekret der Besatzer: Alle halbwegs Tauglichen mussten zum Arbeitsdienst. Ihn schickten sie in die Hellerberge. Schon immer verrufen, sandiges Ödland. Zum ersten Mal in seinem Leben musste er körperlich hart arbeiten. Ihn schmerzten die Glieder vom vielen Sandschippen. Aus den Schwielen in den Handflächen wurden offene Wunden, die nicht mehr verheilten. Jeder Griff an den Schaufelstiel eine Tortur. Abends war er todmüde, konnte nicht einschlafen. Manchmal kamen mitten in der Nacht ein paar betrunkene Russen in die Wohnbaracken, holten sich einen der Gefangenen, der dann mit ausgeschlagenen Zähnen oder blutenden Ohren oder gar nicht mehr wiederkam. Nur die Aussicht darauf, wie herrlich das Leben draußen sein würde, ließ ihn durchhalten.

Nach seiner Entlassung war auf einmal nichts mehr wie vorher. Keine Arbeit für Opa, und seine Gretel ließ sich ein zweites Mal scheiden. Vati weinte nächtelang durch.

Es muss schwer für ihn gewesen sein, wieder Fuß zu fassen. Aber er fand seine Nische. Im »Volkshaus Laubegast«. Der Wirt gab ihm ein kleines Zimmer, täglich eine warme Mahlzeit und ein Bier. Dafür musste er an sechs Abenden die Woche den Eintänzer geben. Wenn er mal eine Pause brauchte, ging er auf die Empore. Rauchte eine und sah den Paaren unten zu. Frauen tanzten mit Frauen. Der Rest hatte einarmige Männer dabei oder welche, die kaum laufen konnten. Mit dem Hüftschwung war es jedenfalls vorbei. Trauschein. Eines Abends sah er sie, ganz hinten an einem der Tische. Um sie herum Andrang. Die wenigen Männer forderten sie artig mit der »Darf-ich-bitten«-Verbeugung auf. Sie schüttelte jedes Mal den Kopf. Das hat Opa nicht gelten lassen. Er nahm sie einfach bei der Hand und zog sie galant auf die Tanzfläche. Sie war schüchtern, hieß Theresa Lehnschneider und er wusste nicht, wo er zuerst hinschauen sollte. Sie hatte eigentlich nicht ausgehen wollen. Aber ihre Freundinnen hatten sie genötigt mitzukommen. Schon nach dem ersten Tanz war er sicher: Diesmal ist es die Richtige. Er wäre gerne großzügig gewesen. Aber finanziell war er klamm. Musste schauen, wo er blieb. Seine Taktik bei den Frauen in dieser Zeit: Ich kümmere mich um die größeren Anschaffungen und du um das Tägliche. Da waren die Frauen dankbar. Merkten erst viel später, dass sie sich auf einen Kuhhandel eingelassen hatten. Denn er ging nur mit solchen, die nicht ausgebombt waren, da musste er nichts anschaffen. Theresa hatte obendrein eine sichere Anstellung. Disponentin in den Dresdner Straßenbahnbetrieben. Erich dachte bestimmt, nach dieser Hochzeit kann er sich endlich mal erholen. Von der ganzen Anstrengung, die sein Leben bisher gewesen war. Leider sah sie das völlig anders. Täglicher Kleinkrieg. Nach wenigen Monaten schrie sie ihm ins Gesicht, ich will die Scheidung. Da war es ihm schon egal.

Wie kam er denn auf die Idee? Noch mal heiraten? Seine vierte Ehe. Elfriede Erika Leithold, geborene Stark. Er muss so fest davon überzeugt gewesen sein, diesmal ist es für immer. Ich verstehe das nicht. Eheurkunde, 30. Juni 1955. Scheidungsurkunde, 22. November im selben Jahr. In den Papieren haben sie den ganzen Disput aufgeschrieben, den er mit ihr zum Schluss noch hatte. Schäm dich, du lässt dich von einer Frau aushalten! Nicht mal Kostgeld zahlst du! Aber wie hätte er ihr das auch erklären sollen. Es ging einfach nicht. Er war fertig. Wollte einfach nur seine Ruhe und nicht mal mehr die Liebe. Er sah nicht ein, überhaupt irgendetwas zu tun, steht hier auf dem Dokument. Von einem

Richter unterschrieben. Enttäuscht rannte er aus der gemeinsamen Wohnung. Als er wiederkam, standen seine Koffer vor der Tür. Von innen hatte sie einen Stuhl unter die Klinke geklemmt. Das Wort in den Akten muss ihn erschüttert haben: Hallodri. So einer sei er nämlich, und daher werde die Ehe schuldhaft zu Lasten des Beklagten geschieden. Was muss da los gewesen sein. Kurz vor dem Scheidungstermin bescheinigte ihm Dr. Lieschke einen nervösen Erschöpfungszustand.

Ein Jahr wohnte er im »Erbgericht« in Graupa. Geld hatte er kaum noch, dafür zehn Mark Schulden beim Wirt und noch mal siebzig Vorschuss vom letzten Arbeitgeber, Zeiss Ikon in Dresden. In seinem letzten Brief an seinen Sohn steht: Ich weiß nicht, wie es weitergehen soll, nach allem, was passiert ist. Bin immer noch gefangen im ewigen Hin und Her.

Ich stelle mir vor, wie er ohne Eile zum Heck des Dampfers läuft. Seine Zigarre fast aufgeraucht. Auf der linken Seite Merschwitz. Er müsste das Haus von Gretels Eltern gesehen haben. Zweimal war der Seilermeister sein Schwiegervater. Ihr Auskommen verdienten sie immer noch mit Hanftauen für die Elbschifffahrt. Vor acht Jahren war er das letzte Mal hier. Gemeinsamer Ausflug mit seinem Sohn. Das ist die Stelle.

Den Stumpen wirft er ins brodelnde Wasser. Übersteigt die Reling, steht einen Moment auf der anderen Seite. Die Hände hinter sich am Geländer. Dann lässt er los.

Senhor Nicki

Der Bademeister im Esperia.
São Paulo 1971

Ausgeträumt. Augen auf. Wo bin ich? Unten hupen sie, was das Zeug hält. Zwischen den Lamellen der Jalousie Blau. Somit wäre das schon mal geritzt.

Aber erst mal ins Badezimmer. Wasserhahn, Zahnbürste. Ich drücke den letzten Rest aus der Tube. Ein Kakerlakenpärchen flüchtet aus dem Fensterschlitz. Im Innenhof rufen sich die Empregadas den neuesten Tratsch zu. Es klingt, als würden sie weinen und lachen zugleich. Mein Portugiesisch ist inzwischen ganz gut. Ich verstehe: Helena wurde schon wieder verlassen. Und der Sohn von Marina, der bei seiner Oma in Bahia wohnt, hat Zahnschmerzen. Jésus Maria! Sie klatschen die ganze Zeit Wäsche auf die Schräge in den Steinbecken. Vati meinte neulich, bloß gut, dass er seine Hemden selber wäscht. Sonst wäre der Stoff vom vielen Schlagen bestimmt schon ganz dünn.

Der Ara aus der Zwölften schreit, und schon geht das Konzert los. Zur Ausstattung der meisten Balkone der Dienstmädchen gehören Käfige mit Papageien. Auf dem Weg in die Küche bleibe ich gerne im Esszimmer stehen. Zähle durch das Verandafenster die Hochhäuser ab. Heute sind die Konturen scharf. Bis ganz hinten kann ich Antennen auf den Dächern sehen. Siebenundzwanzig, achtundzwanzig, ahhh, hab mich verzählt! Die haben da was Neues dazwischen gebaut. Siebzig, einundsiebzig, zweiundsiebzig. Hinten verschwimmt alles.

Ich drücke die Hände an die Scheibe. Sie vibriert. Da sind sie wieder, die tiefen Töne der Stadt, vierzehn Stockwerke unter uns.

Hinten aus der Wohnung leiernder Singsang aus dem Radio. Barfuß hopse ich über die kühlen Kacheln den langen Flur entlang. In der Küche neben dem Herd das Glätteisen. Es ist noch warm. Weiter, bis zu meinem Lieblingsplatz. Zu Tereza, sie kocht für uns und macht sauber. Jetzt sitzt sie schweigend auf der Bettkante und schaut mich an. Den Zeigefinger vor ihren Lippen. Pssst. Ach so, es ist die Zeit für ihr Morgengebet. Ich setze mich ganz still neben sie. Wir sind gern so beieinander. Auch heute fühle ich mich wohl in dem kleinen Zimmer. Sie riecht gut. Immer ein bisschen nach Kokosnuss. In der Wand gegenüber ein Nagel. Daran an einer Schlaufe das kleine quadratische Transistorradio. Manchmal spreche ich dem Prediger etwas nach. Dann legt sie ihren Arm um mich und flüstert mir ins Ohr: meu rapaz. Unter dem Oberlicht hängt in einem goldenen Rahmen ein Bild von Jesus. In allen Farben. Mit der einen Hand zieht er sein Gewand von der Brust, und mit dem ausgestreckten Zeigefinger der anderen zeigt er auf sein blutendes Herz.

Sie knufft mich. Ich habe nicht gemerkt, dass die Andacht vorbei ist. Jetzt macht sie sich an ihr nächstes morgendliches Ritual. Mit einer Handspritze geht sie durch die Wohnung. Baratol kommt in alle Ritzen. Unter die Betten, an die Fensterrahmen, in jede Ecke. Das Zeug riecht so streng, mir tränen danach immer die Augen. Der hineingemischte Zitronenduft macht es nicht besser. Zumindest scheint es zu wirken. Wenn doch mal eine Kakerlake auftaucht, schreien Mutti und Biggi um die Wette. Ich nehme dann ein Stück Papier und ein Glas, so fängt man Baratas. Ich werfe sie dann einfach aus der Loggia. Zertreten bekommt man sie sowieso nicht. Vielleicht aber überleben sie auch die paar Stockwerke. Heute gibt es Pãos de queijo mit Rührei. Dazu frisch gepressten Orangensaft und für meine Eltern Nescafé. Biggi sitzt schon angezogen am Frühstückstisch. Mit geflochtenen Zöpfen. Ich selbst kriege kaum einen Bissen runter. Mama und Tereza räumen zusammen ab. Ich ziehe meine Badehose an, mein gelbes T-Shirt mit der Nummer 9, Shorts und Havaianas.

Der Zelador klopft an die Wohnungstür. Biggi und ich rennen um die Wette. Ich lass sie gewinnen. Wir öffnen ihm zusammen die Tür. Wenn er lacht, denken wir immer, dass unmöglich so viele Zähne in einem einzigen Mund Platz haben können. Mutti kommt. Die Fahrstuhltür wird schon aufgehalten. Während wir nach unten sausen, macht der Zelador Grimassen und rollt mit den Augen. Herrlich. Dann zieht er sein Putztuch aus der Hosentasche, schnäuzt hinein und poliert damit noch die Messingtafel mit den Knöpfen für die Stockwerke. Die glänzt natürlich spiegelblank nach dieser Behandlung. Unten angekommen, eilt er durch die Eingangshalle und zieht für uns die riesige Glastür auf. Wir hinterher, ich sehe rechts den Tresen. Einmal hatte ich mir auf der Treppe das Knie aufgeschlagen. Er winkte mich ran. Zog die Schublade auf, um mir ein Pflaster zu geben. Da sah ich ihn. Ein echter Revolver. Ich war ängstlich, holte tief Luft. Aber er nahm ihn lachend in die Hand, drehte die Trommel und zeigte mir jede Patrone einzeln.

Zum Supermarkt läuft man eigentlich nur fünf Minuten. Aber die Consolação hat sechs Spuren und Ampeln, für die sich niemand interessiert. Sie zu überqueren ist zu gefährlich bei dem Verkehr. Deshalb winkt Mutti uns ein Taxi ran. Wir fahren bis zum Praça Roosevelt. Dann wenden wir, das kenne ich schon. Es geht in Gegenrichtung bis zur nächsten Ecke. Biegen ab, und da ist die Neonreklame. SuperMercado. Der Fahrer bleibt im Wagen. Nickt uns freundlich zu und stellt das Radio lauter. Wir steigen aus. Ohne den Fahrtwind ist es drückend heiß.

Im Laden Ventilatoren an der Decke. Endlich angenehm kühl. Mutti drückt mir den kleinen Kanister mit dem Totenkopf in die Hand. Ja klar, das Baratol geht schon wieder zur Neige. Wir gehen weiter zum Obst. Zu Pyramiden getürmt: Orangen, Limetten, Mangos, Guaven, Ananas, Bananen, Kokosnüsse. Bei den Dosen das gleiche Bild. Dass die nie einstürzen! Und dann: Äpfel aus Argentinien. Eine kleine Kiste voll. Jeder einzeln in Seidenpapier eingeschlagen. Sündhaft teuer. Gab's schon lange nicht mehr. Mutti nimmt vorsichtig fünf Stück. Einen für jeden von uns und einen für Tereza.

Ich muss daran denken, wie wir letzten Sommer Omi in Dresden besucht haben. Dauernd haben sie uns auf Felder, Äcker und Wiesen geschleppt. Schaut mal hier: Weizen, Sauerkirschen, Radieschen, Dill! Im Gewächshaus von Onkel Karli die Gurken bestaunt. Bei Tante Helga mussten wir Himbeeren direkt vom Strauch essen. Ich hab ständig Maden im Mund gehabt.

Biggi nimmt aus einem Kühlschrank zwei Flaschen Wasser für unsere Eltern. Aus einem anderen Guaraná Antarctica mit der aufgesprungenen Frucht auf dem Etikett. Unser Lieblingsgetränk. Wir gehen Richtung Kasse. Auf der rechten Seite die Fleischerei, gerade zerteilen sie eine Schweinehälfte. Schinken hängt am Haken hinter der Auslage. Es riecht wie Nasenbluten. Einige der Fliesen auf dem Boden haben einen Sprung, ich versuche, nur auf die ohne zu treten. Beim Anstehen bewundere ich die Einpacker an den Kassen. Wie sie die Einkäufe in große Papiertüten ohne Henkel verstauen. Jeder hat seine eigene Methode. Unserer heute nimmt sich eine der gefalteten Tüten vom Stapel und schlägt sie kräftig gegen seinen Oberschenkel. So springt sie mit einem lauten Knall von alleine auf. Es klappt jedes Mal. Dann strahlt er. Mutti gibt dem jungen Mann ein paar Centavos.

Jetzt steigen wir wieder ins Taxi und fahren die paar Meter zurück in die Caio Prado. Vati verstaut gerade die Badesachen samt Kühltasche im Kofferraum des Aero Willys. Meine Eltern wollen wirklich schon lange den Führerschein machen, aber ich fahre gerne mit José. Er bringt uns in der Woche mit dem Wagen zur Schule. Bei jedem Wetter in Anzughose und weißem Hemd, sein Sakko hinter uns auf der Hutablage. Den halben Arm aus dem geöffneten Seitenfenster, grüßt er alle im Rhythmus der Sambamusik aus dem Autoradio. Bei der Hitze ist sein Hemd hinten nass und zerknittert. Aber er riecht gut. Nach Rasierwasser und der Brillantine, die seine schwarzen Locken glänzen lässt.

Vati steigt vorne ein, Mutti setzt sich zwischen Biggi und mir hinten in die Mitte. Damit wir beide einen Fensterplatz haben. Am Armaturenbrett in einem kleinen Rahmen ein Foto von Josés Frau und ihren drei Kindern. Die sehen alle aus wie er. Ich betrachte ihn im Seitenspiegel. Er entdeckt mich und zwinkert mir zu. Wir verstehen uns.

Tereza hatte beim Frühstück auf die Narbe an ihrem Arm gezeigt. Und gemeint, heute würde es regnen. Bis jetzt ist aber keine Wolke zu sehen. Es fällt mir schwer, still zu sitzen. Der Weg zum Club ist nicht weit. Und samstags brauchen wir keine zwanzig Minuten. Überall am Straßenrand Verkäufer, Jungs in meinem Alter, bieten lautstark Fahnen und T-Shirts der brasilianischen Nationalmannschaft an – ist klar. Weltmeisterschaft in Mexiko. Heute Abend spielen die Westdeutschen um den dritten Platz. Morgen ist Endspiel. Die Seleção gegen die Italiener.

Was ist jetzt los? Vor der Brücke über den Rio Tietê geht es keinen Meter vorwärts. José schaltet den Motor aus, öffnet die Fahrertür, stellt einen Fuß auf die Straße, zündet sich eine Zigarette an. Und unterhält sich über drei Autos hinweg mit einem alten Mann. Er spricht mit dem ganzen Körper. Dazwischen singt er eine Zeile aus einem Lied. Ich weiß nicht, ob die beiden sich überhaupt kennen. Sie klingen wie alte Freunde, aber das ist bei Brasilianern immer so.

Plötzlich platzt der Knoten im Verkehr. Es geht weiter. Als ob es diesen Stau niemals gegeben hätte.

Wir sind da. Ich kenne sie gut, diese schräge Schrift auf dem grauen Schild. Mit dem großen E am Anfang. Luana empfängt uns. Riesige Ohrringe, schwarze Haare bis zu den Schultern und Lippenstift. Auf ihrem weißen Poloshirt eingestickt der Name des Clubs. Und ihr eigener. Mutti lässt sich heute massieren, Vati geht mit uns schon mal an den Tennisplätzen vorbei. Richtung Umkleidekabine. Davor müssen wir durch ein kleines Becken mit milchiger Flüssigkeit. Die hinterlässt immer einen weißen Film auf den Füßen. Soll gegen Fußpilz oder für was anderes gut sein. Ich spiele Ebbe und Flut.

Dann über die Wiese. Im Vorbeilaufen höre ich viel Englisch, auch Sprachen, die ich nicht kenne. Aber die meisten sprechen portugiesisch.

Joao sieht uns. Steht da, mit ausgebreiteten Armen. Und ruft: Oi, Senhor Nicki. So nennt er mich. Na klar weiß er, dass das nicht mein richtiger Name ist. Aber er darf das.

Unser Stammplatz unter dem Mandelbaum ist noch frei. Einer rollt Liegestühle ran. Biggi und ich breiten die Bastmatten aus. Jetzt ist die Melone aus der Kühltasche dran. Wir schnappen uns jeder eine Scheibe. Die Kerne spucken wir in die Hand. Versuchen immer, sie mit Daumen und Zeigefinger möglichst weit zu schnippen. Ziel heute: eine blonde Frau im Bikini, die auf einer Liege döst. Irgendwann treffe ich sie, und wir flüchten.

Endlich kommt Mutti wieder. Ich bin froh und will zum Becken. Wollt ihr mitkommen? Mmmhmmh. Die Treppe am Sprungturm ist abgesperrt. Keiner darf hoch. Nene, der Bademeister, hat den Arm bis zum Ellenbogen im Wasserfilter: Um momentinho, por favor, er lächelt. Mann, bin ich aufgeregt. Vati kommt mit Eis. Als ich mich zum Holzstiel durchgeschleckt habe, höre ich, wie hinter mir einer ins Wasser springt. Mutti, Vati und Biggi auf der Tribüne gegenüber. Vor mir ein Junge, der mindestens zwei Köpfe größer ist als ich. Er schaut zu mir runter. Jetzt geht einer aufs Ein-Meter-Brett. Nimmt Anlauf, springt ab, macht einen doppelten Salto und taucht ein. Ohne dass es spritzt. Auf der anderen Seite jubeln und applaudieren Leute. Nene lässt einen nach dem andern hoch. Der Einser und der Dreier haben ein Sprungbrett. Bei fünf, sieben fünfzig und zehn Metern gibt es eine Plattform. Der Junge vor mir ist dran. Er steigt rauf bis zum Zehner. Oben bleibt er stehen. Geht ein paar Schritte vor, wieder zurück. Hält sich am Geländer fest. Ein kurzer Pfiff mit der Trillerpfeife. Komm wieder runter! Nene winkt. Langsam geht der Junge auf die Kante zu. Bleibt stehen, springt dann doch. Er dreht sich, kippt nach vorne und fuchtelt mit den Armen. Klatscht auf, kurzer Schrei, Gurgeln. Alle schauen besorgt ins Becken. Er taucht von alleine wieder auf und paddelt stöhnend zum Rand. Ich kann hoch.

Die ersten fünf Meter. Von oben sehe ich, wie der Junge die Hand an seine Seite presst und Richtung Umkleide humpelt. Sieben Meter fünfzig. Weiter hoch geht es für mich. Zehn. Biggi ganz weit unten, kann sie am Badeanzug erkennen. Winkt sie mir? Von der Tribüne klatscht es plötzlich im Takt, und ich hör sie rufen: Chail Chittlar, bum bum bum, Chail Chittlar, bum bum bum, Chail Chittlar!

Die Häuser hinter der Clubanlage im Blickfeld, langsam auch das Sprungbecken, türkis. Einmal Luft holen, dann springe ich. Genieße den Flug! Die Füße voran, die Augen zu! Das Chail Chittlar immer lauter! Und dann tauche ich ein. Höre alles so, als hätte ich Watte in den Ohren. Bum bum bum. Ich tauche auf, Biggi wartet an der Leiter auf mich. Strahlt. Vati klopft mir von Mann zu

Mann auf die Schulter. Mutti kann es immer noch nicht glauben. Was rufen die da?, möchte ich wissen. Ach die? Wollten es besonders schön für dich machen, sagt Vati. Und aus Deutschland kennen die meisten nur Beckenbauer, Volkswagen und Hitler. Ach so.

Wieder auf der Wiese, freue mich schon auf den nächsten Sprung. Auf einmal Wassertropfen im Gesicht, und nicht die aus dem Becken. Der Himmel war doch gerade noch blau! Und jetzt das, es gießt plötzlich in Strömen. Wir raffen Handtücher, Matten und Kühltasche zusammen, rennen mit den anderen Gästen zur Eingangshalle. Das Becken mit der Desinfektion schwappt schon über. Wir hasten durch. Endlich im Trockenen, sind wir doch nass bis auf die Haut. Stehen fröstelnd unter dem Vordach. Es regnet immer noch. Ich sehe Nene, Felipe und wie sie alle heißen. Sie retten Tischdecken, Sonnenschirme und die Polster von den Liegestühlen. Der Rasensprenger sprüht weiter. Luana kommt mit Handtüchern. Sie hat Biggi und mich zittern sehen. Obrigado. Mutti möchte nach Hause. Sie geht vor zum Ausgang, ein Taxi rufen. José ist erst später bestellt. Aber kein Auto kommt durch die Fluten. Dort, wo Gullys sind, sieht man Strudel. In denen drehen sich Flaschen, Papier und Zigarettenkippen. Auf der Straße schwimmt etwas Braunes vorbei. Eine tote Katze vielleicht. Es könnte auch ein Ast sein. Als der Regen nachlässt, gehen die ersten zu Fuß los. Die Badeschlappen in der Hand, waten sie durchs Wasser. Und dann bricht die

Sonne durch. Mit einem Mal. Die Wolken lösen sich auf. Der ganze Dreck ist weggewaschen, die Straße glänzt. Schnell ist es wieder warm, aber die Luft ist frisch, und ich atme tief ein. So riecht São Paulo nicht oft.

Jetzt kommt das Taxi. Auf der Heimfahrt Biggi in der Mitte. Weil sie noch so friert. Ich muss daran denken, wie aufgeregt ich auf der Hinfahrt war. Und jetzt bin ich wirklich gesprungen. Zu Hause reißt uns der Zelador die Tür auf. Er erzählt uns alles Mögliche und immer, wenn wir Richtung Fahrstuhl wollen, fällt ihm wieder was Neues ein. Schließlich meint Mutti, dass wir jetzt endlich hochmüssen, und wir gehen zum Lift. Der kommt gerade. Aus dem Schacht höre ich jemanden pfeifen. Die Melodie kenne ich doch, es ist Terezas Lieblingslied. Von Roberto Carlos. Die Tür geht auf, und das Pfeifen endet abrupt. José erschrickt. Strahlt uns dann an und erzählt vom vielen Regen und dass er eigentlich los wollte, um uns zu holen, aber die Straßen waren überflutet, kein Durchkommen. Er hört überhaupt nicht mehr auf. Biggi bibbert immer noch vor sich hin. Mutti schiebt sie an José vorbei, Papa wünscht ihm Boa noite. Wir stehen im Lift. Der Zelador steigt ein und drückt die 14. Ehe er wieder sein Tuch zückt.

Ich schaue durch den Spalt der Aufzugtür. José geht wippend zum Ausgang. Sein Hemd hängt hinten noch aus der Hose. Jetzt dreht er sich um, sieht mich und zwinkert mir zu. Auch José sieht aus, als habe er etwas Schönes erlebt.

Matchball

Das Leben geht weiter.

Dresden 1957

Los, du schaffst das!, brüllen sie. Es steht 19:19 im letzten und entscheidenden Satz des Tages. Jetzt ruhig bleiben. Aber leichter gesagt als getan. Claus wischt den verschwitzten Holzgriff der Schläger am Handtuch trocken. Der Belag löst sich am Rand. Er müsste den Schläger tauschen.

Wieder an die Platte. Der Gegner hat Aufschlag und schenkt ihm nichts. Dann ein Schmetterball auf seine Tischmitte, unhaltbar, 20:19. Den nächsten Aufschlag pariert Claus. Der Ball geht flach übers Netz zurück. Prallt an der gegnerischen Seitenkante ab und fällt zu Boden. Ausgleich. An diesem Tag hat er schon sechs Spiele bestritten. Keines so anstrengend wie das hier. Wechsel. Er schlägt auf, der andere spielt auf die kurze Ecke zurück, Claus streckt sich, übernimmt den Ball und lässt ihn lässig übers Netz rollen. Führung. Ein Punkt noch, und seine Mannschaft wäre Meister. Tief durchatmen. Er beugt sich leicht nach vorn, geht in die Knie. Totenstille. Bewegt den Ball noch in der linken Handfläche hin und her. Wirft ihn hoch, dann schnellt seine Rechte mit dem Schläger vor und schickt den Ball unterschnitten rüber, kurz hinter die Mittellinie, der Gegner haut ins Leere. Jubel brandet auf, Umarmungen, verschwitzte Leiber. Seine Mannschaftskameraden tragen ihn auf ihren Schultern durch die Halle. Zwischen den anderen Tischtennisplatten hindurch. In der Umkleidekabine gibt es Bier. Meisterfeier. Er läuft durch die Dunkelheit zum Nürnberger Ei, Eisregen im Gesicht. Der Mantel bringt nichts bei dem Wind. Scheiße, die Straßenbahn ist weg. Dann eben zu Fuß. Erst Richtung Bahnhof, weiter über die Albertbrücke in die Glacisstraße.

Zu Hause. Mutter hat den Badeofen angefeuert. Endlich abreiben mit einem Waschlappen von oben bis unten. Morgen ist Sonntag. Das Abendbrot bleibt unberührt. So kaputt ist er. Verschwindet im Bett und schläft sofort ein.

In der Nacht wecken ihn heftige Wadenkrämpfe. Aber kein Magnesium im Haus. Kommt nicht zur Ruhe und immer diese Bilder vor Augen: Wie er als Zehnjähriger mit seiner Mutter und den anderen Familien die Treppen runterrennt. Erst das schrille Pfeifen, dann das dumpfe Rummms des Einschlags. Am schlimmsten war es, wenn der Boden im Luftschutzkeller bebte und zwischen seinen Füßen der Staub hochgewirbelt wurde. Die Gewissheit, dass das nicht weit weg gewesen war. Er wälzt sich im Bett hin und her. Sieht wieder die geschrumpften schwarzen Körper, die am Morgen nach den Luftangriffen auf der Straße lagen. Es klopft an der Wohnungstür. Polizei hier, machen Sie auf! Claus wankt steif aus seinem Zimmer, mit Muskelkater. Seine Mutter steht im Morgenmantel an der Tür, die langen Haare noch im Netz. Er reibt sich die Augen, im Halbschlaf nehmen seine Ohren wahr, wie die Beamten etwas von »Klärung eines Sachverhaltes« sagen und dass jemand mitkommen müsse. Das sei hier die letzte bekannte Adresse von Erich Ernst Waldemar Preuß.

Mutter zuckt mit den Schultern. Meint, mit dem habe sie nichts mehr zu schaffen. Schaut dann Claus an: Mach du das, bitte. Der Tonfall ist bekannt. Eine Wahl gibt es sowieso nicht. Also Hose anziehen, dann ins Hemd und Mantel drüber. Das Bücken zum Schuhebinden ist die reinste Tortur. Blick auf die Uhr. Kurz nach halb sechs in der Früh.

Schweigend fahren sie durch Dresden. Dann übers Land. Nach Riesa. Als sie am Polizeirevier aussteigen, nimmt ihn der Beifahrer beiseite. Raunt ihm zu, dass das kein schöner Anblick sei. Also wenn jemand tagelang im Wasser gelegen habe. Sie gehen die steinernen Stufen in den Keller hinab. Hier ist es noch kälter. Vor einer schweren Tür steht ein Mann in weißem Kittel. Das muss ein Arzt sein. Kommen Sie bitte! In der Mitte des Raums eine stählerne Bahre auf Rollen. Darauf, nackt und blauhäutig auf dem matten Metall, ein aufgedunsener Leib, der ihn an niemanden erinnert, den er kennt. Schon gar nicht an seinen Vater.

Der Arzt deutet auf einen Beistelltisch. Da liegen Kleidung, ein Schlüssel und andere Dinge. Im Mantel sei der Name eingestickt, aber die Kollegen hätten ganz schön zu tun gehabt, bis die Adresse klar war. Ungerührt nimmt Claus dann die Lider des linken Auges, zieht sie auseinander. Die dunkle Augenhöhle ist zu sehen, wo eigentlich der Augapfel sein sollte. Darüber schwach die Narbe. Keine Frage, das muss Erich sein, sein Vater. Kaum zu glauben.

Im vergangenen Frühjahr hatte Claus ihn noch einmal gesehen. Zusammen mit seiner letzten Frau. Zufällig, am Albertplatz. Die beiden schauten so, als hätten sie gerade einen Streit gehabt. Sie grüßten nicht einmal. Sein Vater hatte mit den Achseln gezuckt. Ihm hilflos zugezwinkert. Und war ihr dann hinterhergehastet. Jetzt erzählt man ihm, dass es keine Hinweise auf ein Fremdeinwirken gebe und der Verstorbene vermutlich selbst gesprungen sei. Der Arzt sagt: Bei der Wassertemperatur hat es nicht lange gedauert.

Das Kreischen ist kaum auszuhalten. Claus schneidet Buchenholz auf Maß. Labormöbel, Großauftrag der TU. Vor zwei Wochen hat ihn sein Meister das erste Mal an die große Maschine gestellt. Hat ihm alles erklärt. Er hat das Sägeblatt mit dem Flachzahn eingespannt. Nur noch die Kanten abschmirgeln, bevor sich der Lehrling ans Verleimen macht. Das Sägemehl verklebt die Augen, bleibt überall haften. Abends findet Claus Späne in seiner Unterhose. Jeden Tag zehn Stunden Lärm aufs Ohr. Montag bis Freitag. Samstags bis ein Uhr Mittag.

Heute muss er sich besonders ranhalten. Der Meister hat ihm für morgen nicht gerne freigegeben. Die Formalitäten sind erledigt, und irgendwann muss Erich, der aus dem Wasser gezogen wurde, der Erde übergeben werden. Scheußlich heute. Graupel und kalte Böen drücken den Rauch aus den Schornsteinen nach unten. Man kann kaum Luft holen.

Es ist noch dunkel, als Claus sich auf den Weg macht, kein Mensch zu sehen. Mit der ersten Straßenbahn, dann endlich im Bus. Richtung Graupa. Mit Bussen kennt er sich aus. Sonst steht er neben dem Fahrer, mit dem Rücken zur Fahrtrichtung und erklärt den Touristen Dresden, die Sächsische Schweiz, manchmal sogar Krakau oder Prag. Mit dem Zubrot wird Mutter unterstützt und etwas Geld zur Seite gelegt. Zehn Mark davon bekommt jetzt der Wirt des Gasthofs, in dem sein Vater zuletzt wohnte. Der hatte ihm einen Brief geschrieben, dass da noch Papiere seien und er sie holen könne, wenn er das Geld mitbringen würde.

Von der Haltestelle aus die Dorfstraße ein gutes Stück nach oben. In der Bäckerei fragt er nach dem Weg. Die Verkäuferin zeigt auf die andere Straßenseite: Da drüben ist doch das »Erbgericht«! Claus tritt ein. Der Wirt steckt das Geld wortlos in eine Kassette. Gibt ihm einen Schlüssel, deutet nach oben. In der Mansarde sind die billigen Zimmer. Schon lange nicht mehr gestrichen.

Immerhin sauber. Es ist befremdlich, in dieser leeren Kammer zu stehen. Die letzte Bleibe seines Vaters. Das RAFADI-Büro gibt es zwar immer noch zu Hause, aber Mutter sah ihren Sohn nicht gern da reingehen. Hier stehen die Schranktüren offen. Auf den Bügeln nicht ein einziges Kleidungsstück. Wahrscheinlich hat der Wirt sich alles unter den Nagel gerissen, was noch zu gebrauchen war, kann man es ihm verdenken? In der Dachgaube steht ein Tisch. Darauf Papiere. Wie oft mag sein Vater hier gesessen haben und in die Ferne geträumt? Vielleicht bis nach Hamburg, dann auf ein Überseeschiff. Wer weiß wohin. Gekommen ist er nur bis zum Kilometerstein 104. Grödel.

Der Polizist in Riesa meinte, die Kurve da in der Elbe, die konnte er nicht kriegen. Ist deshalb angeschwemmt worden. Kurz hinter Gretels Elternhaus. Die ehemaligen Schwiegereltern ausgerechnet. Claus denkt an die großen Ferien 1946. Mit Papa und Mama auf dem Dampfschiff zu den Großeltern nach Merschwitz. Elf war er, und sie haben ständig Mehlsuppe zum Frühstück gegessen. Bis sie pappsatt waren. Das hat Claus in sein Tagebuch geschrieben. Der zweite Sommer ohne Krieg. Und seine Eltern noch glücklich miteinander. Viele andere Väter waren vermisst oder gefallen oder in Gefangenschaft. Aber seiner war da. Hatte ihm im Herbst sogar ein Kasperltheater gebaut. Claus und sein Freund Radestock gaben im Hof Vorstellungen. Eintritt ein Kohlestück. Sie spielten unten, während sich oben in der Wohnung die Eltern schon wieder stritten. Vater hatte immer öfter auf der Couch in seinem Büro geschlafen. In manchen Nächten kam er gar nicht mehr nach Hause. Bis Mutter genug hatte und sich zum zweiten Mal scheiden ließ.

Im »Erbgericht« liegen vor Claus jetzt akkurat einige Briefe, das Arbeitsbuch, Papiere mit amtlichen Stempeln. Ein Kuvert ist für ihn. Die anderen sind adressiert an die Frauen, mit denen sein Vater verheiratet war. Sie sind nicht verschlossen, er liest: Liebe Margarete, die Zeit mit dir war schön. Ich kann nicht mehr. Dein Erich. Liebe Elfriede, gerne wäre ich bei dir geblieben. Feierabend. Dein Erich. Liebe Theresa, ausgetanzt. Dein Erich. Die Buchstaben sind schwungvoll ausgemalt, den Füllfederhalter fest aufgedrückt, entschlossen muss er gewesen sein. Der Brief an ihn selbst sieht ganz anders aus. Hastig hingeworfene Worte. Abgebrochene Sätze, so als wollte er seinem Sohn noch ganz viel erzählen. Während ihm die Zeit schon davonlief. Claus kann es kaum lesen. Entziffert Bruchstücke: dass Erich es kaum ausgehalten habe wegen der Leute Leute Leute.

Es ist gar nicht so einfach, einen Geistlichen aufzutreiben, der seinen Vater, den Selbstmörder, in geheiligter Erde bestatten will. Der Friedhof in Glaubitz liegt etwas höher. Wegen der ständigen Hochwasser. Pfarrer Müller zupft an seinem Beffchen, schlägt die Bibel auf und liest: So wahr als ich lebe, spricht der Herr. Herr, ich habe keinen Gefallen am Tode des Gottlosen, sondern dass sich der Gottlose befreie von seinen Werken und lebe. Die Sargträger stehen vor dem offenen Grab. Die Hände verschränkt vor dem Schritt. Schauen ehrlich betroffen.

Danach läuft Claus durch das Dorf. Ihm ist flau im Magen. Im Gasthof »Drei Lilien« schlürft er klare Brühe mit Eierstich. Außer ihm und der Bedienung ist niemand da. Er schaut raus auf den Dorfteich. Die Frau bringt ihm ein Stück Rührkuchen und meint, dass es heute eine Beerdigung gab. Da habe sie nur einen einzigen Angehörigen am Grab gesehen. Das war ich, sagt Claus. Sie setzt sich zu ihm. Er erzählt von Erich, den vielen Anstellungen und Frauen, seinem Lachen und Lebenshunger, seinem traurigen Tod.

Zu Hause steht seine Mutter im Flur. Sieht den schwarzen Anzug unter seinem Mantel. Weiß, wo der Sohn herkommt. Sie wollte nichts mehr mit der ganzen Sache zu tun haben. Also hat Claus sie nicht gedrängt. – Erledigt? – Erledigt.

Premiere

Ins Theater. Eine Idee.

Dresden 1982

So eine Scheiße, brüllt der Mann vor mir. Konservendosen rollen übers Pflaster. Sein Einkaufsnetz ist geplatzt. Keine Frage, ich helfe ihm. Nimm dir eine!, lächelt dabei. Vermutlich das erste Mal heute. Schmalzfleisch. Danke. Frühsommer, Prager Straße, habe mir im Musikhaus Melodie ein paar Schallplatten gekauft. Ich schlendere durch die Stadt, in der Tasche auch die frisch gepresste AMIGA-Lizenzausgabe von Cream. Abtastnadeln waren aus.

Mein Freund Knut wohnt im Hochparterre einer Gründerzeitvilla. Am Käthe-Kollwitz-Ufer. Davor die Elbwiesen, gegenüber die Albrechtsschlösser. Bin kurz weg, steht auf dem Zettel an der Tür. Macht nichts, er schließt sowieso nie ab. Die Jalousien halb runter, und hier drin sieht es aus! Als ob er gerade aus dem Bett gefallen wäre. Auf dem abgelaugten Biedermeiertisch sein Drehaschenbecher und ein Schraubglas voll Schellack. Daneben die Matrizen für seine nächste Kaltnadelradierung. Alles in einem Raum.

Ich zünde mir eine an, spüle zwei Teegläser ab, setze Wasser auf. Unverhofft herzhafter Schlag in den Rücken. Knut begrüßt mich, eine halbe Fischsemmel in der Hand: Mensch, Frühjahrsputz ist doch erst nächstes Jahr! Dann, am Küchentisch, rauchen, quatschen, wir hören »Holidays in the Sun« von den Pistols auf Spulentonband. Radiomitschnitt. Er grinst sich eins. Hab gerade deinen Beinahe-Schwiegervater gesehen. Den Milchmann! Klar, Knut denkt an die Geschichte mit dem Heizkessel. Bei Jenny in der Rothenburger bin ich gerne mal durchs Erdgeschossfenster eingestiegen. Ihre kleine Schwester schlief oben auf dem Rollbett. Wir fummelten unten. Leiser Genuss. Ihr Vater musste früh um vier raus, Milch ausfahren, vorher war ich verschwunden. Einmal sind wir nachts beide gleichzeitig aufs Klo. Als sie saß, klopfte es an der Tür. Ihre Mutter musste dringend. Scheiße. Kein Fenster, nichts. Jenny gab mir ein Zeichen, der Badeofen, versteck dich dahinter! Ich schob mich zwischen Wand und das Monstrum. Jetzt mach endlich auf!, tönte es aus dem Flur. – Ich bin noch nicht fertig. – Ich muss eilig, jetzt mach auf, gib mir den Eimer! Jenny reichte ihn raus. Wir schauten uns an, hörten den Strahl der Mutter. Dann sie wieder an der Klinke: Wie lange brauchst du denn noch, ich will den Eimer auskippen! – Kein Entrinnen. Jenny öffnete die Tür, ich versuchte, mich tot zu stellen. Dann drehte ich vorsichtig den Kopf und blickte in die erst verwirrten, dann verstehenden Augen der Mutter. Der Badezimmerspiegel hatte mich verraten. Alle drei waren wir nackt. Ich rannte an der Mutter vorbei ins Kinderzimmer. Klamotten an, raus aus dem Fenster.

Stell dir mal vor, der Kessel vom Badeofen wäre noch heiß gewesen! Knut amüsiert sich, aus und vorbei.

Am Abend, Großer Garten. In der Freilichtbühne Junge Garde spielt Engerling. Dich kenne ich doch, eine zarte Stimme. Ich drehe mich um, und da steht sie. – Ich bin Katrin, im Winter habe ich ein paar Reihen hinter dir gesessen, lächelt sie. – Was? Im Kino! Aha. Ich kann die Augen gar nicht von ihr lassen, die blasse Haut, blaue Augen, die roten Haare. Echt schön. Jemand verstolpert sein Bier direkt über unsere Schuhe. Egal.

Wir tanzen barfuß weiter, wild und ausgelassen. Dann eng und küssen uns. Die Band hat Spaß, alle anderen auch. Wir radeln zu ihr. Durch den Park lassen wir uns alle Zeit der Welt. Bald hell. Vor der Tür sagt sie, komm rein, meine Eltern sind auf dem Land, mein kleiner Bruder auch. Wir liegen in ihrem Zimmer, schlafen dann ein, um lachend wieder aufzuwachen. Duschen zusammen, erst kein Frühstück, dann doch: Pfirsiche aus der Dose. Draußen herrlichstes Wetter, aber wir bleiben drinnen. Sie hat nur das Höschen mit dem Aufdruck »Sunday« an, ich kann kaum glauben, dass erst Sonntagmittag ist.

Montag, fünfdreißig der Wecker. Früh aufstehen ist eine Qual. Schlimmer allerdings noch, ins Büro zu müssen. Was könnte man an so einem Tag nicht alles machen. In der Straßenbahn muss ich im Stehen eingeschlafen sein. Aussteigen! brüllt mir ein Kollege ins Ohr. Sonst ist mein Gang eher schnell, aber auf der Strecke von der Haltestelle bis zur Betriebspforte schinde ich immer noch ein bisschen Zeit. Ringe dem Tag noch eine kostbare Minute ab.

Werde Industriekaufmann, hat Vati gesagt, dann kannst du nach ein paar Jahren im Ausland arbeiten. Erst im sozialistischen, später vielleicht auf der ganzen Welt. Dem konnte ich folgen, also diesen Worten. Fast zwei Jahre habe ich es schon ausgehalten bei MLW. Medizin-, Labor- und Wägetechnik. Bald fertig mit der Lehre, alle Abteilungen durchlaufen. Meine letzte Station ist die Materialwirtschaft. Der Chef hier ist Raimund. Diese Arbeit wäre auch für einen Menschen mit einem robusten Naturell eine Herausforderung. Aber für ihn mit seinem angegriffenen Nervenkostüm muss es die Hölle sein. Dauernd wird er von Zulieferern vertröstet. Muss bei seinen Abnehmern um Aufschub bitten. Im Teufelskreis der Planwirtschaft. Und so verwaltet er sich und seine Materialwirtschaftsverwaltungsmaterialien und, seit ich bei ihm bin, mich gleich mit.

Er schickt mich ins Lager, Materialentnahmescheine nummerieren. Der Paginierstempel knallt auf die Tischplatte, ich muss die ganze Zeit ans Wochenende denken. Scheiße, was wird das hier eigentlich? Brauche eine Pause und verdrücke mich durch die Seitentür zu Christa. Sie kümmert sich um Farben, auch Lacke dabei. Hat deswegen einen abschließbaren eigenen Lagerraum. Aber jeder weiß, dass sie ab elf Uhr früh nichts mehr abfüllen kann. Außer sich selbst.

Wir rauchen aus dem Fenster. Daneben hängt groß das Gefahrenschild, das vor offenem Feuer warnt, und sie erzählt mir von ihrem Hund. Der ist alt und blind, gehört eigentlich längst eingeschläfert. Ich lege meinen Arm um ihre Schulter. Sie schluchzt in mein Hemd. Zwei Schnäpse später ist Christa wieder ganz die Alte, und ich gehe mit einem feuchten Fleck auf der Brust Richtung Kantine.

Feierabend. Ich stehe wieder in der überfüllten Straßenbahn. Die rechte Hand über mir in der Schlaufe. Immer noch das Auf und Ab des Stempelns in den Fingern, fünftausend Scheine. Heute hole ich Katrin im Friseursalon ab. Warte, bis sie ihre letzten Kunden bedient hat. Der Geruch von Haarspray erinnert mich an meine Kindheit in São Paulo. Da hat Vati in der Frühe immer so lange beim Rasieren gebraucht, dass Mutti und ich danach gleichzeitig ins Bad mussten. Eine dicke Wolke Haarlack ging dann jedes Mal auf mich nieder, während ich mir die Zähne putzte.

Katrin schließt den Laden zu. In ihrer Tasche klimpert das Trinkgeld. Wir gehen was essen, lieben uns viel und schlafen wenig. Es könnte ewig so gehen.

Katrin ist mit ihrer Lehre fertig und weiß, das ist nichts für ewig. Sie geht ans Theater, arbeitet in der Kostümabteilung am Staatsschauspiel. Für mich absolut erstrebenswerte Arbeitszeiten.

Besuche sie im Fundus in der Garnisonkirche. Was für ein Arbeitsplatz! Reihen über Reihen von Kostümen, alle Epochen, Uniformen, Königsgewänder, Ballkleider. Es riecht etwas abgestanden. Nach Mottenkugeln, Staub und Waschpulver. Es gibt einen Laufzettel: was für die morgige Vorstellung im Theater sein muss. Katrin rennt durch die Gänge. Sucht im bleichen Licht der Neonröhren alles zusammen. Ich ziehe mir das Don-Carlos-Kostüm über. Katrin entdeckt mich, wir küssen uns und sind zusammen. Zur Vorstellung rennen wir. Die Absolventen spielen am Limit. Auf der Probebühne sitzen die Zuschauer unmittelbar vor ihnen. Am Ende liegt Woyzeck am Boden. Mit Wasser aus Blecheimern übergossen. Die Schauspieler sind erschöpft. Aber sie strahlen.

Und Samstag? Nichts wie raus an die Moritzburger Waldteiche. Ihre Eltern sind Dauercamper, fahren freitags nach der Arbeit direkt zu ihrem eigenen komfortablen Zelt. Und den Freunden. Da haben sie alles. Manchmal bleiben sie wochenlang draußen.

Es ist schwül, als wir beide den Berg Richtung Waldmax hinaufradeln. Noch etwas trinken auf halber Strecke tut gut. Schauen uns in die Augen. Selbst unterm Tisch können unsere Füße nicht voneinander lassen.

Dann dumpfes Donnergrollen, bald gießt es in Strömen. Alle retten sich aus dem Biergarten in die Gaststätte. Wir fahren weiter. Kurz vor Wilschdorf sind wir völlig durchnässt, werfen die Räder am Waldrand ins

Gras. Schlafen unter triefenden Bäumen miteinander. Sie streicht mir meine nassen Haare zur Seite.

Die Montage sind besonders hart. Ich habe immer noch ihren Geruch in der Nase. Die Firma wirkt trostloser, meine Arbeit sinnentleerter denn je. Paginieren soll ich schon wieder. Fünftausend scheiß Scheine. Raimund stellt den Karton vor mir auf den Tisch. Nee, mach ich nicht. Ich sehe seine Adern am Hals raustreten. Es wird laut im Büro. Natürlich machst du das, denk an deinen Abschluss und an deinen Vater! Schreiend läuft Raimund Richtung Abteilungsleitung. Ich ihm hinterher. Als er sich endlich beruhigt hat, nehme ich den Karton ganz unaufgeregt, stelle ihn auf seinen Schreibtisch, lächele ihn freundlich an und wiederhole: Mach ich nicht! Dann nehme ich die einsortierten Scheine in großen Bündeln raus. Werfe sie bis unter die Decke und freue mich, wie Tausende Blätter durch sein Büro flattern.

Natürlich hat die Sache ein Nachspiel. Raimund hat das Werk an diesem Abend merkwürdig verlassen. Wie? Na mit dem Fahrrad rückwärts durch das Tor rausgerollt, erzählen sich alle. Er konnte einfach nicht Feierabend machen. Schon am Pförtner vorbei, gab er noch seine Anweisungen. Und so verliere ich auf den letzten Metern meine Lehrstelle. Du musst aufpassen, meint Knut, den sie schon wegen des Asozialen-Paragraphen 249 drangekriegt haben. Die Erlaubnis fehlte, um als freier Künstler zu arbeiten. Er schickt mich zu einem Pfarrer und der mich nach Löbtau. Arbeitsplatz ohne besondere Vorkenntnisse, melde dich dort bei der Verwaltung.

Nach der Premiere von Maria Stuart nimmt mich Katrin mit auf die Hinterbühne. Dann vor den eisernen Vorhang. Zum ersten Mal sehe ich von hier oben die leeren Ränge. Den Staub im Licht. Rieche noch den Schweiß und den Puder der Schauspieler. Hier könnte ich es aushalten.

Ich lass mich scheiden

Sagte Mutti in Ostberlin.

1966

Ganz schön heiß draußen. Die innerdeutsche Mauer steht seit fünf Jahren. Kommt man nicht durch oder drüber. »Ich such mir meinen Bräutigam alleine« ist der Hit im Osten. Kosmonaut Leonow auf jeder Titelseite. Im Frühjahr hat er als erster Mensch einen Spaziergang im Weltraum unternommen.

Claus kommt nach Hause. Erzählt, er könne nach Südamerika. Wohin? Er soll ein Büro in Brasilien eröffnen. Im- und Export. Wenn es länger dauert, kommt deine Familie nach, hat sein Chef gesagt. Unter einer Bedingung: Ihr müsst verheiratet sein. Bisher war Hochzeit kein Thema. Seit acht Jahren sind sie ein Paar. Haben die Tochter und den Sohn. Claus hatte die beiden Scheidungen seiner Eltern vor Augen, ihr war es nicht wichtig. Wenn das mit der Hochzeit alles ist? Nichts einfacher als das.

Anne sieht sich im Spiegel. Vor drei Tagen hing das Brautkleid noch bei ihrer Schwester. Ärmellos, aus Spitze, perlenbesetzter Kragen. Gestern Abend hat sie es geändert. Jetzt sitzt es genau auf Figur. Sie nimmt den Schleier, schaut auf ihre Hand. Gleich würde dort der goldene Ring auf ihrem Finger sitzen. Anne ist sechsundzwanzig, steht in ihrer Wohnung, zum letzten Mal als ledige Frau. Claus kommt, meint, das Kleid steht ihr sehr gut. Nimmt dann den Brautstrauß und läuft schon mal los. Seine Mutter abholen.

Zum Standesamt ist es nicht weit. Anne geht auch zu Fuß. Unter den Eisenbahnbrücken durch, die Lößnitzstraße lang. Hier wurde, mit ihrer jüngsten Schwester im Kinderwagen, in den Dresdner Bombennächten zum Bunker gerannt. Immer in der Angst, dass die schon glühenden Metallpfeiler der Brücke schmelzen und auf einmal alles über ihnen einstürzen würde. Heute sieht sie aus den Ruinen kleine Bäume wachsen. Vom Albertplatz geht es weiter die Königstraße entlang Richtung Palaisgarten.

Ihre Schwiegermutter, ihre Schwestern und ihr zukünftiger Mann stehen schon vor dem Standesamt, die Kinder sind im Kindergarten. Dann geht alles ganz schnell: Ringtausch, Unterschrift, Augenzwinkern. Zur Feier raus aus der Stadt. Adams Gasthof in Moritzburg: Russisch Ei, Wildbraten mit Rotkohl und ein guter Wein. Sogar eine Schale Kaviar gibt es. Ihre Schwester fragt, ob sie die Marmelade auch mal haben kann. Wie bitte? Alle lachen.

Claus sieht gut aus in seinem Anzug mit der weißen Fliege. Am Abend tanzen sie in der Wohnung. Ihre

Schwester Ilona sucht die besten Sender auf Kurzwelle. Die Tickets liegen auf der Anrichte im Flur. Kaum war die Eheurkunde eingereicht, haben die alles genehmigt. In Lichtgeschwindigkeit. Claus trägt seine Koffer. Gemeinsam gehen sie zum Neustädter Bahnhof, steigen die Treppen zu den Gleisen hoch. Er soll mit dem Zug bis Prag fahren. Dort auf dem brasilianischen Konsulat sein Visum abholen. Dann über Zürich und Madrid nach Brasilien fliegen. Ein letzter Kuss. Anne denkt, weiter als das All kann Südamerika auch nicht entfernt sein.

An den Wochentagen sind die Kinder im Betriebskindergarten. Sie arbeitet ihren neuen Chef ein, deshalb ist sie abends noch später dran als sonst. Läuft mit den beiden nach Hause. Die zwei sind vor Müdigkeit oft ganz blass, der Kleine bleibt ständig am Spielwarenladen stehen, das nervt. Biggi hat Hunger und will schnell weiter.

Die Tage sind kürzer geworden, aber die Halbstarken aus der Nachbarschaft sitzen immer noch auf der Stange vor dem Schaufenster. Vor dem Kurzwarenladen Ecke Rudolfberg. Das Fenster im Erdgeschoss vom Nebenhaus steht wieder offen, aus dem Röhrenradio dröhnt Rockmusik. Herbert trägt Tolle und bringt immer noch seine Sprüche aus den Fünfzigern. Und ruft ihr hinterher, wann es denn endlich losgeht. Mit der Reise. Ob sie vorher nicht mal mit ihm … tanzen gehen wolle?

Drei Monate ist Claus inzwischen weg. Zwei Luftpostkarten sind angekommen. Wochenlang unterwegs, kostbare Lebenszeichen aus Pappe. Anne nimmt die exotischen Ansichten immer wieder in die Hand. Sieht die fremden Stempel, die Briefmarken. Schaut sich das Foto von der Copacabana an. Zum wievielten Mal eigentlich. Auch ein Brief ist gekommen. Oben links auf dem Papier ist ein Wappen. In einem Grandhotel wohnt er. Er schreibt in Schönschrift. Von der tropischen Hitze, die ihn in manchen Nächten kaum einschlafen lässt. Vom Blick aus seinem Fenster, wenn die Sonne im Meer aufgeht. Und von der Dämmerung, die hier so nah am Äquator keine halbe Stunde dauert. Nachts schaut sie auf den Mond. Bei ihrem Liebsten ist er schon zur Sonne geworden.

Bald ist es nicht mehr auszuhalten. Anne geht zur Abteilungsleiterin. Fragt, wann sie denn endlich mit den Kindern zu ihrem Mann kann. Die zuckt nur mit den Achseln. Das Ministerium entscheidet, sagt die Frau. Aber man könne natürlich mal nachhaken.

Am Wochenende mit den Kindern im Schönfelder Hochland. Zum Obstschütteln. Zu Hause dann Apfelmus eingekocht und Kuchen gebacken. Die beiden fragen nicht mehr, wann es endlich losgeht. Abends näht und strickt und häkelt sie. Reisekleidung.

Claus hat wieder geschrieben. Von einem Ausflug zu haushohen Wasserfällen, und wie heiß es ist. Hier wird es immer kälter. Draußen hockt nur noch der Herbert. Allein in der Mitte der Stange vor dem Laden, die vom vielen Sitzen ganz blank poliert ist. Er pfeift ihr hinterher, sie dreht sich nicht um.

Am nächsten Tag zum Bahnhof, eine Fahrkarte nach Berlin. Im Zugabteil holt sie den Zettel aus der Handtasche. Da steht noch mal drauf, was sie später sagen wird. Es gibt keine zweite Chance, ahnt sie.

Ostbahnhof. Sie fragt sich durch, nimmt die S-Bahn zur Friedrichstraße. Läuft dann Richtung Brandenburger Tor, den Fernsehturm im Rücken. Sieht die Mauer. Dahinter ist West-Berlin, dann der Ozean, irgendwann Brasilien. Sie bleibt stehen. Unter den Linden, Hausnummer 50, Ministerium für Außenhandel der DDR.

Der Pförtner ist total überfordert. Wohin mit der Frau? Sie lässt sich nicht abweisen. Er telefoniert Mitarbeiter ab. Einer erklärt sich zuständig. Im Lift nach oben sind ihre Hände klamm, der Magen flau. Aber so ist das eben, wenn man alles auf eine Karte setzt.

Dritte Etage, dann links. Es riecht nach alten Akten und abgestandenem Rauch. Das richtige Türschild. Sie hat noch nicht angeklopft, da reißt von innen einer die Tür auf. Ja bitte?

Herr Hansche?, ist ihre erste Frage an ihn. Er habe nicht viel Zeit, was es denn so Wichtiges gebe. Sie will ihm erzählen, wie ihre Kinder den Vater vermissen, wie dringend Tochter und Sohn zu ihm müssten.

Anne schaut in sein Gesicht. Er verbissen auf seine Uhr. Sehnsucht kennt der nicht, denkt sie. Ihr lasst mich nicht fahren, dann lass ich mich scheiden, platzt es aus ihr heraus. Herr Hansche ist irritiert, aber sie meint es ernst. Sehr sogar.

Auf der Rückfahrt nach Dresden holt es sie ein. Monatelang ist sie tapfer gewesen, hatte von dem gelebt, was Claus nicht auf die Karten geschrieben, aber ungesagt mitgeschickt hatte. Sie schaut aus dem vergilbten Zugfenster. Tränen funkeln vor ihren Augen. Ein älterer Herr gibt ihr ein Taschentuch. Das wird schon wieder, Kind.

Da haben Sie uns ja was Schönes eingebrockt, meint ihre Abteilungsleiterin. Was denken Sie sich eigentlich? Wie sollen wir denn so schnell Ersatz finden? Heute Morgen hat das Ministerium hier angerufen. In fünf Tagen ist Abreise. Glauben Sie bloß nicht, dass es deswegen Sonderurlaub gibt. Und so steht sie tagsüber als technische Zeichnerin am Reißbrett und packt in der Nacht. Nur zwei Koffer sind erlaubt, jeder darf höchstens zwanzig Kilo wiegen. Aber was einpacken für die Tropen? Sommerkleidung, Regensachen und auch noch etwas für kältere Tage. Schleppt dann die beiden Koffer die vier Stockwerke runter. Läuft damit bis zum Gemüseladen an der Hansastraße, die haben eine Kartoffelwaage. Zu schwer. Alle beide. Also wieder zurück in die Wohnung. Ein paar Dinge raus und noch mal zum Gemüseladen.

Herbert sitzt auch heute auf der Stange. Ach, schon wieder zu Hause? Das ging ja schnell. Bloß nicht antworten, denkt Anne. Wie soll das nur alles zu schaffen sein, in der kurzen Zeit? Dazwischen Momente der Vorfreude. Darauf, wie es sein wird, wieder mit Claus aufzuwachen.

Am letzten Arbeitstag kommt der Umschlag mit Handgeld für die Reise. Dollar, Franken, Cruzeiros. Am Abend werfen sie Laken über die Möbel und ziehen Stromstecker. Schlafen ohne Bettbezüge, nur in den Inletts, gemeinsam im großen Bett. Endlich, in jeder Hand einen Koffer. Die Kinder hüpfen vorweg. Im Morgengrauen in den Zug nach Prag, dort geht es mit dem Taxi zum Konsulat. Dann weiter zum Flughafen. Zwischen Zürich und Madrid spuckt Biggi einem Schweizer auf die Anzughose. Er zeigt ihr die Kotztüte.

Sie fliegen stundenlang über den Atlantik. Durch die Nacht. Die Kinder schlafen, sie ist wach. Unten das Meer und die Lichter der Schiffe. Oben der Mond.

Landung in Rio. Endlich draußen. Es ist so heiß und feucht, die Luft erdrückt sie fast auf dem Weg über das Rollfeld. Jetzt noch Zoll und Passkontrolle. Und da steht er dann.

Friede und Hoffnung

Wunderbarer Ort.

Dresden 1980

So was von die Schnauze voll von Raimund und der Firma. Bin neunzehn, auf keinen Fall noch mal ins Büro. Fünf Uhr dreißig? Nie wieder.

Ich bin bei Steffens, Pfarrer der Inneren Mission am Platz der Einheit. Der sagt, geh zum Löbtauer Friedhof, die brauchen gerade jemanden. Gut. Aus der Straßenbahn raus, Rudolf-Renner-Straße. Laufe auf den Eingang zu, dann an Mausoleen vorbei. »Siemens« lese ich und »Werner«, eine Büste, segnende Hände, Skulpturen wie von Michelangelo, die kenn ich aus einem Buch von Knut.

Moin, sagt der Friedhofsverwalter in seinem Büro, sitzt an seinem massiven, völlig unsozialistischen Schreibtisch aus Eiche. Hinter ihm Urnen im Regal. Schnirpel heißt er und meint, wir drehn gleich mal 'ne Runde.

Leichenhalle. Unter den Oberlichtern aufgereiht sechs Särge. Die Mauern dick, drinnen bestimmt zehn Grad weniger als draußen. Es beißt in meiner Nase.

Modrig und süßlich steht die Luft. Jetzt geht Schnirpel zum ersten Sarg. Legt sein Ohr fast auf den Deckel, horcht, klopft dagegen, mustert mich. Helles Geräusch. Nächster Sarg, wieder Horchen, wieder Klopfen. Wieder hell. Scheinen nicht alle belegt zu sein. Noch ein Sarg, diesmal dumpf. Er hebt den Deckel langsam an. Auf weißem Kunststoff das glanzlose Gesicht einer alten Frau. Meine erste Tote. Ganz das Klischee. Sieht aus, als ob sie schläft. Schnirpel steht gebückt da, äugt in den Sarg rein, dann ewig auf mich. Ich hab doch die Leiche schon gesehen, ist gut, ich guck ja noch mal hin, Paragraph 249 im Nacken, brauch den Stempel im Arbeitsbuch. Alter, wieso hältst du den Deckel so lange offen? Er atmet schneller, scheint es zu genießen.

Plötzlich steht er grade, lässt den Deckel fallen und zeigt auf den Verschlag am Ende der Halle. Werkzeuge, Hacke, Schaufel, Spaten, Schubkarre. Wenn die Beisetzung um zwölf ist oder früher, dann machste das Loch am Tag vorher. Wenn später, dann am gleichen Tag. Er geht vor, wieder ins Büro. Nestelt einen Plan zurecht, drückt den Finger auf eine Stelle. Feld A13, Grabstelle 15/4, ausheben. Er malt die Umrisse des Grabs in die Luft. Zwozehn lang, oben und unten neunzig breit, und wenn der Rand zehn über deinem Kopf ist, dann ist tief genug.

Ich messe ab, ziehe eine Linie mit der Spatenkante über die Grasnarbe. Butterweich, das Blatt gleitet durch, die ersten zwanzig Zentimeter geschafft. Dann eine fingerdicke Wurzel. Ich muss ausholen, draufhauen, und zack ist sie durch. Und dann noch eine und dann Steine, halbe Findlinge. Mit dem Spaten rein und vor und zurück und lockern und drauf und rausgehebelt den scheiß Stein. Ich komme immer tiefer, wische mir die Stirn. Mir fällt ein Rhododendron auf, die Blüten haben sich längst verabschiedet. Die Buche dahinter auch schon welk. Klimmzug, bin draußen. Bretter rund ums Grab, darüber Matten aus grünem Filz, hängen ins Loch wie ein alter Vorhang. Soll schön sein für die Oma morgen.

Die aus meiner Familie sind entweder gestorben, bevor ich geboren wurde, oder noch da. Als Kind war ich oft am Grab meiner Oma Dora. Meistens mit Biggi. Der Friedhof war ja gleich um die Ecke an der Friedensstraße. Wenn Mutti mich mit der Harke sah, sagte sie immer: Warste schon wieder auf dem Friedhof? Brauchste doch nicht, Junge, kümmert sich doch Tante Ly drum, die ist froh, wenn sie mal rauskommt. Jetzt, wo der Michi aus Waldheim zurück ist.

Und heute also meine erste Beerdigung. Ich steh ein bisschen abseits. Die Tür der Feierhalle geht auf. Zuerst kommt der Sarg und vier betroffene Sargträger. Gehören die etwa zur Familie? Dann der Geistliche. Dahinter der Witwer, gefasst, die Frauen neben ihm wahrscheinlich die Töchter. Leises Murmeln, die Grabrede. Ich sehe, wie es eine der Töchter durchschüttelt. Schließlich jeder eine Schippe Sand aus der aufgestellten Schale ins Grab. Der Witwer noch einen Nelkenstrauß dazu.

Dann löst sich die Trauergemeinde auf, und ich gehe die Schaufel holen. Hinter der Halle, gut gelaunt und rauchend, die Sargträger, zählen ihr Trinkgeld. Bist du der Neue?

Am Grab nehme ich die Bretter und die Matten weg. Schaue runter in die Grube. Zumachen. Dreh mich um und ziehe die Erde zwischen meinen Beinen durch ins Loch wie ein Hund. So geht's am schnellsten. Der Aushub prasselt auf den Sargdeckel. Zum Schluss noch den Kranz auf den kleinen Hügel.

Wenn gerade keine Beerdigungen sind, schicken sie mich zur Grabpflege. Die Abteilung besteht aus vier Löbtauerinnen, die doppelt so alt sind wie ich. Sie holen sich zum Frühstück aus der Kaufhalle nebenan eine Kiste Bier, die gemächlich über den Tag vernichtet wird. An der Friedhofsmauer, außer Sichtweite vom Chef, dann hoch die Tassen, Felsenkellerpils. Tagsüber Stiefmütterchen pflanzen, abends schön angeschickert nach Hause. Den Kasten haben sie auf dem luftbereiften Wagen mit Gerätschaften, Harke, Pflänzchen, Gießkannen, Spaten. Sie fragen mich dauernd, was ich hier will aufm Friedhof. Und ich sage, Hauptsache kein Büro. Das verstehen die Damen und lachen.

Der Vorarbeiter, Lübke, promovierter Biologe, wartet auf seine Ausreise. Will weg mit Frau und Kindern. Fährt den ganzen Tag im Multicar Setzlinge und Arbeitsgerät hin und her, Grünabfall weg. Hauptsache, keinen Fuß auf den Boden setzen.

Einmal regnet es tagelang. Die Frauen rauchen im Aufenthaltsraum. Der Biologe hat sich krankgemeldet. Eigentlich wollte ich mir auch einen freien Tag nehmen, aber morgen ist Beisetzung. Doppelgrab. Der Mann liegt schon links, nun hat es die Frau erwischt. Soll rechts rein.

Pass ein bisschen auf, der ist erst seit vier Jahren drin, meint Schnirpel, mach nicht so schnell. Ich hebe aus, grabe mich durch, stehe schon tief drin. Es nieselt, alles feucht, Lehm klebt am Schaufelblatt, der Boden morastig. »Erwin und Ilse Müller« steht auf dem Grabstein. Bei der Frau muss nur noch der Todestag eingraviert werden. Das Erdreich wird nach unten immer lockerer. Lässt sich leicht graben, aber ist schwer durch die Nässe. Fast fertig, aber auf einmal gibt die Erde links nach, bricht ab und rutscht in meine ausgehobene Grube. Ich stehe bis zu den Knien im Schlamm und dem Gerassel von Herrn Müller. Sehe ein Stück Becken, und das könnte ein Oberschenkelknochen sein. In den Stiefeln quietscht die Nässe zwischen meinen Zehen. Aber was soll's, ich kann jetzt nicht die Schuhe wechseln. Hole mir Bretter, verschale die eingestürzte linke Seite und schaufele Herrn Müller wieder rüber. Auch die fetten Würmer. Mensch Erwin, muss das sein? Morgen kommt deine Frau!

Bei Trauernden sitzt das Geld locker, ist mir aufgefallen. Stelle mich bei Beerdigungen immer Richtung Ausgang auf, dann sehen mich alle mit der Schaufel in der

Hand, und der Schein kommt. Jede Woche haben wir so drei bis vier Bestattungen. Beim Ausheben arbeite ich schnell, dann kann ich den Rest des Tages freimachen. Mein Vorgänger war noch fixer. Schaffte jedes Grab in einer Stunde, meint eine der Löbtauerinnen. Ja, sag ich, und früh gestorben.

Zum Feierabend dann raus auf die Kesselsdorfer, zur Straßenbahn. Autos knattern, die Bahn klingelt, Leute hasten vorbei. Totaler Kontrast zur Ruhe auf dem Friedhof. Dort gehen die Menschen langsam, schweigend, meistens alleine. Oft Alte.

Vor kurzem habe ich Frau Hentsch kennengelernt. Jeden Tag besucht sie ihren Mann. Der liegt im hinteren Teil. Ich stand bis zu den Schultern in der Grube, sah auf Augenhöhe dunkelbraune Halbschuhe mit eingestanzten Löchern. Darüber Beine in Dederonstrumpfhose mit Laufmasche, karierter Rock. Heinz hieß er, war Fräser im Schreibmaschinenwerk, gleich im ersten Jahr als Rentner gestorben. Seit dreizehn Jahren ist sie jetzt Witwe und geht ihn jeden Tag besuchen. Einfach umgefallen und Schluss. Sie fasste sich die Brust. Das Herz, verstehen Sie? Dabei war er so ein kräftiger Mann, der Heinz. Hat sein ganzes Leben so schwer gearbeitet, und an der Front im Krieg muss es auch schrecklich gewesen sein, aber er kam wenigstens nach Hause.

Jetzt sucht sie immer die Grabreihe, in der ich arbeite. Wo sind Sie denn?, fragt sie, wenn sie mich längst gefunden hat. Ich arbeite weiter, halte nur manchmal inne. Sie steht vor dem Loch, ich brauch wieder die Hacke, scheiß Steine. Ein neues Auto hätten sie bekommen, und als es so weit war, war er dann tot. Und sie keinen Führerschein. Gehen Sie mal ein Stückchen zur Seite, ich muss jetzt hier …, sage ich, über ihr der Himmel.

Manchmal laufe ich Richtung Komposthaufen in die hinterste Ecke. Die Zeit totschlagen. Sehe Eichhörnchen, höre Vögel, das Rauschen der Blätter wie im Großen Garten. Auf den Grabsteinen nicht nur Namen, Sterbe- und Geburtsdaten, auch Umstände: Wurde in Frankreich von Haubitze getroffen, starb in der Blüte ihres Lebens. Schön in Blattgold. Rechne nach: 1893 bis 1928, wie alt ist sie geworden? Auf den größeren Grabstellen und in den Gruften akademische Grade, Berufe, militärischer Rang. Hinter dem Grabstein am Kopfende Privatvasen zum Wechseln, kleine Gießkannen, Blumentöpfe. Finde beim Graben ab und zu ein paar Knochen, selten einen Schädel, öfter eichene Sargfüße, zwei Mal eine Flasche Selbstgebranntes, einmal einen Ehering in einem Einzelgrab. Mit Gravur: Louise und Jakob, 1924. Ich lege ihn zurück in die Erde. Treffe wieder Frau Hentsch, die so gerne mit Heinz an die Ostsee gefahren wäre. Nie haben sie es geschafft.

Jede Beerdigung ist gleich und doch anders. Raus aus der Leichenhalle. Die Angehörigen hinter dem Sarg her bis zum ausgehobenen Loch. Kiste in die Grube. Pfarrer spricht seinen Sermon. Jetzt hat jeder Einzelne seinen Soloauftritt, Blumen, Sand, die erste Schippe immer furchtbar laut auf dem Sarg. Manche brechen hysterisch zusammen. Andere stehen da wie aus Stein. Einmal stützen sich Witwe und Tochter, vor Trauer und Besoffenheit. Die Mutter wirft den Sand ins Grab, taumelt dabei, verliert fast das Gleichgewicht. Fängt sich am Rand. Hoffentlich halten die Bretter, rutscht die grüne Matte nicht rein und sie mit. Ein andermal ein Mann, weint stumm. Ich sehe von hinten, wie er von Schluchzern geschüttelt wird, dann fällt er in sich zusammen. Schnell greifen Männer unter seine Arme. Er wird rechts und links gestützt, angehoben, wieder hingestellt. Mensch Gerd, was is 'n los? Dann ist er wieder bei sich.

Heute nur eine Urnenbeisetzung. Geht schnell. Ich soll den Frauen helfen, Unkraut jäten am Massengrab. Sechshundert Menschen liegen hier unter Efeu. Bei Luftangriffen umgekommen. Frauen, Männer, Kinder. Der Biologe kommt in seinem Multicar vorbei. Läuft alles?, fragt er aus dem Führerhaus, und: Was willste denn später mal machen? – Später heute oder später überhaupt? Ich weiß, er will in den Westen, weil er da mehr Möglichkeiten hat und mehr Freiheiten und Geld verdienen kann. Und ich? Bin erst mal hier, in der schönsten aller Einsamkeiten.

Dann der erste Frost im Boden. Hat mich überrascht. Das funktioniert ja nicht mehr. Brauche dauernd die Spitzhacke, muss den Boden vorlockern. Der ist steinhart. Handschuhe gehen auch nicht. Zu rutschig, die Finger erfrieren. Frau Hentsch war länger nicht da. Mensch, das Leben ist endlich. Und ich will raus aus der Kälte. Aber kein Büro mehr.

Marienruh

Meine erste Wohnung.

Kipsdorf 1980

Friedhof ist mir echt zu kalt. Schon wieder am Platz der Einheit. Schon wieder im Büro der Inneren Mission. Wieder bei Herrn Steffens. Auf seinem Schreibtisch ein Räuchermann. Sieht aus wie Lehrer Lämpel im gedrechselten langen Mantel. Aus dem Mund kommt ein gemütlicher Faden Weihrauch. Vor seinem Fuß ein buntbedruckter Pappteller voll mit Pfefferkuchen und Dominosteinen. Eine aufgefaltete Dekorserviette mit Tannenzweigen, Kerzen, Lametta und Kugeln. Daneben eine Schale Mandarinen und Westschokolade. Mein Gegenüber muss himmlische Kontakte haben, denke ich kurz. Setzen Sie sich! Er versteht mich sofort. Die Wählscheibe wird bedient: den Zeigefinger in die Nummer einsetzen, nach rechts drehen bis zum Anschlag und loslassen. Ganz schön oft. Das ist ein Ferngespräch. Dann geht jemand ran. Während er telefoniert, schaut er mich immer wieder an. Sie können doch gleich, oder? Ich nicke. Er legt den Hörer auf die Gabel. Kurz Stille. – Fahren Sie mal ins Osterzgebirge. In unser Ferienheim. Die brauchen da jemanden. – Wofür? –

Hausmeister. – Danke, Herr Pfarrer.

Ich mach mich auf den Weg, mit gepackten Klamotten. Eine Haltestelle vorm Hauptbahnhof der Blick auf die Wohnzeile mit der Loggia von Omi. Die Fuchsia an der Wand hat ausgedient. Dann das Hochhaus. Gleich danach rechts. Interhotel Newa. Nach der Schule gern mal in der Lobby gesessen mit meinem liebsten Klassenkameraden. Taki, der Sohn griechischer Exilkommunisten. Da waren wir unter achtzehn. Mit dem abgeschwatzten Fuffi von Omi in der Tasche. Algerier feiern an der Bar. Wir sind willkommen. Und ich ein paar Worte Portugiesisch mit den Mosambikanern. Kubaner sind auch da. Die freuen sich mit uns. Vertragsarbeiter im Devisenhotel. Das hatte eine Leichtigkeit.

Vorm Hauptbahnhof die Bushaltestelle. Links vor der Unterführung die Schalterhalle. Da wird die gewünschte Strecke bezahlt. Der Fahrer macht Pause. Er hat noch ein paar Minuten. Die Brotdose geht zu. Zigarette am offenen Fenster. Dann rollt er vor. »Ikarus« steht auf dem Kühlergrill. Einsteigen! Kurzes Gedrängel in der Schlange wegen der besten Sitzplätze. Die Stufen hoch, und vor sich hat jeder den Getriebekasten. Mit Decke drüber. Wegen des Lärms. Dahinter der Fahrer am Lenkrad. Fahrscheine abknipsen. Die meisten wollen vorne sitzen. Ich lauf bis hinten durch.

Es geht die Transitstrecke nach Prag raus. An den

Zwiebeltürmen der russisch-orthodoxen Kirche vorbei. In Gold und Blau, total schön. Da gehen nur Russen in Uniform rein und raus. Mit ihren Frauen, die oft in Schwarz. Ich dreh mich um. Die Stadt im geteilten Heckfenster. An der alten Bauarbeiterkantine in der Kohlenstraße vorbei. Das Neubaugebiet wächst. Nach Kaitz kommt Nöthnitz. Bin da so oft ausgestiegen. Bei Tante Helga und Onkel Karli. Frischer Streuselkuchen aus der Backröhre, noch warm. Abkühlen lassen, sagte Omi gern. Na und? Und Kinderkaffee. Hinterm Haus Johannisbeeren, Kaninchen und Hühner. Und die Garage. Offen. Kurze Runde um das Motorrad vom Onkel. Die gute Jawa, sagt er stolz. Die Kisten im Westen sind auch nicht viel besser, hängt er dran. Später mit den Cousinen im Rittergut toben. Fahrradfahren, hoch und runter. Vor den Schweineställen ein stinkendes Rinnsal. Das kam unter den Türen raus. Keiner wollte da die Reifen reinsetzen. Verstecken. Oben im Schlosspark. Bis es dunkel wird. Wieder im Haus die Erwachsenen mit Erdbeerbowle. Und Eiskunstlauf im Fernsehen. Einmal eine tote Katze im abgemähten Weizenfeld vorm Haus.

Lange her. Ab Possendorfer Berg wird wieder mit dem Bus mitgefiebert. Das ganze Innenleben vibriert. Hoffentlich bleibt die Kiste nicht stehen. Am liebsten würde ich die Fußsohlen auf die Fahrbahn kriegen, durchs Bodenblech durch! Und mitschieben. Scheint endlos die Steigung. Gleich die letzte Kurve. Von hier hinten kann ich bis zur Frontscheibe mit den hochgeklappten Sonnenblenden sehen. Der Fahrer versucht zu schalten. Der Gang geht nicht rein. Er fängt an, den Schaltknüppel zu malträtieren. Der Oberkörper arbeitet mit. Sein Gesicht auch, man sieht es im Rückspiegel. Dann hör ich was einrasten. Und sofort heult der Motor wieder auf. Unter meinem Sitz. Die Kupplung macht wieder mit. Geschafft!

Oben auf der Kuppe die Haltestelle. »Rundteil« steht auf dem Schild. Die Ausstiegstür faltet sich auf. Am Kasten über der Haltestange ist die Abdeckung lose. Die Türmechanik ist zu sehen, Gelenke voller Schmiere. Vorn steigt eine Oma ein. Dicke Backe. In der Hand den grünen Ausweis, fährt umsonst. Kurzes Nicken, dann legt der Fahrer den Finger wieder auf den Druckknopf. Den mit der roten Kontrolllampe drin. Zisch. Wieder alles zu.

Reinfahren ins Tal Richtung Dipps. Eigentlich: Dippoldiswalde. Wenig Aufregung. Kurz davor, rechter Hand, die Talsperre. Für einen Moment die Staumauer zu sehen. Dahinter das Schwimmbad der Cousinen. Im Sommer immer die gleiche Frage: Wir baden am Wochenende im Stausee in Malter, kommst du mit? – Nö, ich geh bestimmt ins Arnholdbad, bleibe in der Stadt. – Plötzlich ist alles weiß draußen, der erste Schnee.

Endlich Haltestelle Kipsdorf. Kurort. Ich muss raus. »Altenberger 10« steht auf meinem Zettel als Adresse. Muss weiter unten sein. Hier geht's nur rauf oder runter. Das knirscht unter den Füßen. Am Straßenrand verteilen die Reifen der vorbeifahrenden Autos graue Spuren auf dem Fußweg. Und an meinem Hosensaum. Eine kleine Brücke über den Bach zum Holztor. Klingel gibt es nicht. An der Fassade das Wort Marienruh. Auch das noch! Ich geb mich rufend zu erkennen. Aus dem Hauseingang kommt eine ältere Dame. Mit Hund. – Kommen Sie rein! Herzlich willkommen! Herr Steffens hat Sie geschickt, wunderbar! »Frollein Schnauß« sagt sie, so stellt sie sich vor. Die weißen Haare mit Klammern nach hinten gesteckt. – Das ist unser Collie! Kommen Sie doch rein!

Als Erstes gehen wir durch die Küche zu meinem Zimmer, Koffer loswerden. Eine schmale Kammer mit Wandklappbett. Vorhang an Klammern in der Schiene. Kleiderschrank, zweitürig. Kreuz an der Wand und im Nachttisch die Bibel. Na dann. Schön, dass Sie da sind, sagt sie.

Am nächsten Morgen fünf Uhr. Der Wecker klingelt. Scheißfrüh. Dunkel draußen. Scheint eisig zu sein. Aber geschlafen wie ein Murmeltier. Schmeiß mir Hose und Hemd über, Kämmen fällt aus. Das Frollein muss vor mir aufgestanden sein. Hat mir dampfenden Tee und Schnittchen hingestellt. Danke, tut gut. Zu sehen ist sie nicht. Ich muss durch die Küche in den Keller. Im Ofen noch Glut. Lege Briketts nach und fache neu an. Die Kette für die Zugluft eingehängt. Komme wieder hoch, das nächste Frollein. Könnte Omi sein. Wir bekommen gleich Lieferung, meint sie mit einem Lächeln. Wie heißt die nun?

Da kommt schon der LKW. Rückwärts über die kleine Brücke. Im Schritttempo. Der Fahrer steigt aus. Hier ist der Lieferschein, unterschreiben Sie. Wo ist denn nun Manfred?, fragt er bei laufendem Motor. Ich zucke mit den Schultern. Er legt einen kleinen Hebel um, die Hydraulik setzt sich in Bewegung, und die Ladefläche wird hochgedrückt. Er setzt vor, vier Tonnen Briketts rutschen. Halbe, genauer gesagt. Reichen für die ersten drei Monate Winter. Die müssen alle durch das kleine Kellerfenster, sagt der Fahrer und verschwindet wieder im LKW. Der hätte ruhig noch weiter um die Hausecke rumfahren können. Mit der Forke reingestochert in den unteren Rand vom Haufen. Kurz gehebelt, dabei fällt alles in die Gabel. Sortiert sich und dann rüber mit Schwung. Bei den ersten Schippen prasselt es hohl. Gegen Ende muss ich jede volle Gabel zu Fuß vors Loch transportieren. Manchmal springt noch ein Kohlestück von der schon leeren Gabel ab. Das steckte zwischen den Zinken, die auf Spannung waren.

Endlich ist die Arbeit erledigt. Angeheizt hatte ich schon. Kurzer Blick in die obere Ofentür. Drei Schippen drauf und gleich wieder schließen. An der unteren Klappe regulieren. Der Schornstein zieht gut. Ich bleibe noch im Keller sitzen. Über mir das Haus. Zwei Etagen, acht Zimmer. Die wollen alle nur eins: dass die Heizkörper funktionieren. Ich freue mich, wenn ich höre, wie das heiße Wasser im Rohr nach oben steigt. Dunkel hier im Heizungskeller, aber immer ’ne Zeitung auf der Seite. Hatte mein Vorgänger auch. Hab ich so übernommen.

So lange wie möglich unten bleiben. Denn oben haben die Damen immer einen neuen Auftrag für mich. Glühlampen wechseln, das Tischbein wackelt, oder der Tauchsieder hat was. Dann rufen sie von der Kellertreppe aus, und ich trabe an. Nächsten Sonnabend kommen die Blinden, sagt das Frollein. Die können Sie ja gleich in Empfang nehmen und durchs Haus führen. Aber nur einmal. Danach kennen die sich aus. Auf dem Weg zum Mittagessen, hoch zur Tellkoppe, müssen Sie immer dabei sein. Der Fußweg ist schmal. Und die sind ja auf Gehör und so. Manchmal kommen da Laster auf der F170 vorbei. Die Gäste erschrecken dann kurz und müssen sich wieder fangen. Da sind die Augenlider besonders in Bewegung. Die zucken dann und blinzeln. Manchmal sehen Sie dann das Weiße vom Augapfel.

Auf einmal ein Knall aus der Küche. Ich schau mal nach. Dann seh ich genau das, wonach es geklungen hat. Auf den Fußbodenkacheln die zerschlagenen Kuchenteller vom Vesper. Frau Schulze, hier angestellt und für die Küche zuständig, hat beide Arme tief in der Doppelspüle und steht wie angewurzelt da. Jetzt dreht sie sich um. Ihre Brille ist beschlagen. Sie seufzt und entschuldigt sich lautstark: Gestern war ich bei der Dauerwelle, da ist das Geschirr vom Abendbrot stehengeblieben! Muss ein ganz schön hoher Stapel gewesen sein. Bleiben Sie einfach da, wo Sie sind, sage ich. Dann die Einzelteile auf die Kehrschaufel und in den großen Mülleimer. Am Ende die Splitter zusammengefegt. Manchmal will einer einfach nicht auf die Schippe. Ich nehme zwei-, dreimal Anlauf, bis er auf dem Blech landet. – Ach, übrigens: Wenn Ihnen das Zimmer hier zu klein ist, können Sie auch bei mir in der Mansarde wohnen. Mein Sohn ist jetzt ausgezogen.

Hinter der Bushaltestelle geht es den Hang rauf, hatte sie gesagt. Der Weg ist ein Trampelpfad, hier scheint kaum jemand hoch oder runter zu laufen. Das Tageslicht kommt nur schwer durch die Baumkronen. Zwischen den Stämmen ungeordnet Absenker. Akazie. Das wächst ja wie Unkraut. Buche und Eiche auch, der reinste Urwald. Links am Wegrand zerborstene Glasscheiben. Verrostete Winkeleisen, Fundamente. Könnte ein Gewächshaus gewesen sein. Und dann sehe ich durch den Blätterwald ein Haus. Die Fenster verraten: Hier wohnt keiner mehr. Ich komme näher und staune. Das muss eine Villa gewesen sein. An der Fassade bröckelt der Putz, in den Dachrinnen wurzeln kleine Bäume. Die Fallrohre sind aus der Verankerung geplatzt. Unter dem First steht etwas geschrieben. Nicht mehr vollständig, könnte Gustav Holfert heißen. Die Haustür steht offen. All das muss der Wind und das Wetter gemacht haben.

Ich liebe das Einsteigen in leere, verfallene Gebäude. In Dresden zur Genüge trainiert. Am liebsten in der Schlossruine hinter dem Fürstenzug. Manchmal bietet sich ein Bild der Verwüstung und hin und wieder das

Gefühl, die Menschen sind hier nur kurz aus dem Haus. Bin jetzt im Erkerzimmer und registriere gegenüber einen Giebel mit Schindeln. Zweifarbig. Mit Fehlstellen. Also raus hier und mal schauen.

Da kommt sie auch schon vor die Tür. Sie sieht so anders aus als in der Küche der Frolleins. Richtig schick. Kommen Sie rein, sagt Frau Schulze. Ich koche gerade vor. Für meinen Dieter. Von unserem Platz in der Küche aus haben wir Sie schon raufkommen sehen.

Sie führt mich durch den langen Hausflur an einer Menge Gebrauchsgegenstände vorbei. Ziemlich vollgestellt hier. Dann die Küche oder, besser gesagt, Wohnküche. Die Eckbank voller Zeitungen und gefalteter Wäsche. Hier spielt sich das Leben ab. Das sehe ich sofort. Er sitzt am Tisch, eine Flasche Bier vor sich und den Aschenbecher. Der muss doch viel jünger sein als sie. Es riecht nach Rotkraut und Braten. – Na? Ganz schön steil, der Aufstieg, oder?, sagt er. – Wenn er nicht da wäre – sie nickt lächelnd in seine Richtung –, würde hier auch bald alles über unseren Köpfen zusammenfallen. Aber wir bleiben hier. Von hier aus haben Sie den schönsten Blick über das Unterdorf. Schauen Sie mal. Sogar die Bahnhofsuhr können wir sehen. Aber verlassen Sie sich nicht drauf.

Soll ich Ihnen mal das Zimmer zeigen? Wir können durchs Treppenhaus oder außen rumgehen. Wie Sie wollen. Es gibt einen separaten Eingang ins Obergeschoss. – Also raus an die frische Luft mit Ausblick.

Ich schau mich um und an der Fassade hoch. Da steht schon wieder was von früher. »Wilhelmshöhe«, ziemlich abgeblättert. – Hinten haben wir Holz und Kohlen unter dem Schauer, und auf der Rückseite vom Haus ist Ihr Eingang. Eine Stiege bis unter das Dach. Der Weg hier führt weiter nach Oberkipsdorf und Bärenfels. Sie können auch von oben aufs Grundstück.

Ich wag mich mal die Stufen hoch. Das wackelt ganz schön. Jetzt ruft sie laut: Silke, schließ mal von innen auf! Ich stehe vor einer Tür mit Fenstersprossen. Man kann in den kleinen, dunklen Flur schauen. Dann wird der Schlüssel im Schloss gedreht, und die Tür springt auf. Eine junge Frau im weißen Rolli. Das gleiche Brillenmodell wie Frau Schulze. Das ist meine jüngste Tochter, ruft sie von unten. Gerade mit der Lehre fertig. – Sie hat es eilig und läuft wieder zurück. Ich steh immer noch vor der Schwelle. Komm ruhig rein, sagt Silke. Da ist dein Zimmer, der Ofen geht noch. Aber im Winter zieht's hier ganz schön rein. Ich muss jetzt wieder runter. Wenn was ist, das Zimmer unter dir ist meins. Ach so. Bitte verlier den Schlüssel nicht.

Jetzt steh ich einen Moment allein im Raum. Stell mir vor, wie alles aussehen könnte, wenn ich mich genau dafür entscheide. Der Ausblick ins Weißeritztal ist so beruhigend. Noch mal in die Wohnküche und in die Runde geschaut. Klar. Das wird meine erste Wohnung.

Muttertag

Bei den Landungsbrücken.
Hamburg 2009

Dienstreise nach Hamburg. Drehschluss. Wohne im Hanse Clipper, Portugiesenviertel. Gegenüber die Ausfahrt der Michelgaragen. Gehe den Venusberg ein Stück rauf. Sehe die Landungsbrücken und den Hafen, ich genieße.

Auf dem Weg zurück dann in die Elbschlossquelle. Ein kleiner Backsteinbau zwischen Mietshäusern und Ladengeschäften. Zum Bürgersteig ein Schaufenster mit dem Aufdruck »Ratsherrn Pils«. Davor eine gehäkelte Halbgardine, den Sims ziert ein hölzerner Adler. Draußen Tische und Stühle. Seit dem Vormittag scheint die Sonne. Warm, keine Anzeichen für hanseatisches Schmuddelwetter. Es ist Sonntag. Muttertag.

Ich setze mich. Schaue den Herren an den blinkenden Spielautomaten zu, die Münzen und Scheine reinstecken. Manchmal fluchen, bisweilen lachen, gelegentlich einige Euro gewinnen, um sie sofort wieder zu investieren. Stammgäste, schick gemachte Frauen mit ihren Partnern. Sitzen hier in ihrem zweiten Wohnzimmer.

Manchmal auch mit Hund. Stoßen an auf den Ehrentag. Eine sagt zu ihrem Mann: Du brauchst mir nicht zu gratulieren, ich bin nicht deine Mutter.

Mein Astra kommt. Auf einer Leinwand und diversen Monitoren läuft Fußball. Eine Gruppe älterer, wohlfrisierter Damen liefert sich einen Wettkampf an der Dartscheibe. Vorher rechnen sie nach, in welches Feld der Pfeil als Nächstes muss. Und werfen dann. Treffer. Danach tun sie bescheiden.

Tanja ist die gute Seele der Kneipe. Heute schmeißt sie draußen den Grill an. Es gibt feinste Ware vom Metzger, dazu hausgemachte Salate.

Ein Mann kommt rein, für den der Ausdruck Hüne erfunden sein muss. Knapp zwei Meter, kräftige Gliedmaßen, Handteller groß wie Wiener Schnitzel. Er trägt eine gut sitzende Jeans, ein buntes Versace-Hemd und ein offenes Lächeln im gegerbten Gesicht. Sein volles Haar ist akkurat gescheitelt. Vermutlich geht er auf die achtzig zu. Sieht aber jünger aus und hat noch nichts von seinem Charme eingebüßt. An der Bar fragt er dann die Frauen, was er ihnen zu trinken ausgeben darf. Apfel, Uwe, sagen sie dann. Tanja schenkt großzügig Apfelkorn ein. Er trinkt jedes Mal auch einen. Auf die Mütter. Dann bekommt er mit, dass wir Namensvettern sind, und will unbedingt darauf anstoßen. Und auf unsere Mütter. Aber nicht mit Apfel, sage ich. Also ein Kümmel auf Uwe und meine Mutter.

Einen Tag vor ihrem 67. Geburtstag hatte sie auf

einmal über Schwindel geklagt und ihren Mann gebeten, ihre Feier abzusagen. Die Torte war schon gekauft, Wurst, Käse, Gürkchen für die kalten Platten, die Bowle angesetzt. Aber sie wollte sich einfach nur hinlegen. Also sagte Claus ihren Schwestern Bescheid, Marion und Edith und Ilona und Helga. Am nächsten Tag tauchten sie doch alle auf. Vielleicht ist es ja nur eine Erkältung und bald wieder vorbei. Mutti freute sich natürlich. Aber lange hat sie an diesem Tag nicht durchgehalten. Zwei Wochen später im August lag sie dann schon in einem Einzelzimmer in der Medizinischen Akademie. Noch mit unklarem Befund.

Danach rief meine Kollegin Geno an. Ein befreundeter Regisseur wollte in Polen drehen. Für mich wäre eine schöne Rolle dabei, den Ehemann könnte ich geben. Eines meiner ersten Filmprojekte. Das Drehbuch las sich gut, also sagte ich zu.

Mitten ins Nirgendwo mit Blick auf nichts als Nadelbäume hatten sie ein Businesshotel hingestellt. Für Teambindungsmaßnahmen, Seminare und so was. Riesige Kronleuchter in der verglasten Empfangshalle, ein Billardtisch und im Anbau Wellness. Um uns herum nur Geschäftsleute, wir mittendrin. Das Filmteam von Polska Roadmovie. Meine Figur: Ein genervter Ehemann, der seine Frau ungern nach Polen begleitet, weil sie dort einen alten Brieffreund treffen muss. In der Geschichte steht ein junges Mädchen an einer Landstraße und will ins nächste Dorf mitgenommen werden. Gegen den Willen seiner Frau hält der Mann an und versteht sich gut mit der schönen Fremden im Rückspiegel.

Die Liebesszene drehten wir an einem Spätsommertag. Die Sonne brach durch die Bäume, es roch nach Holz und Harz, massenhaft Mücken. Während die Gattin gelangweilt zurückbleibt, toben der Ehemann und die Anhalterin wie die Kinder durch den Wald. Sie spielen Fangen und stolpern lachend in eine Senke. Sie verführt ihn, während die Frau die ganze Zeit nach ihnen ruft und nur ihr Echo hört.

In jeder Drehpause dann der Blick aufs Handydisplay, kein Empfang. Abends im Hotel endlich Vati am Ohr. Mutti geht es momentan nicht so gut, aber mach deine Arbeit.

Ich musste raus, schnell. Auf dem Weg zum Ausgang am Fitnessraum vorbei. Voller schwitzender Männer. Gerade noch im Zweireiher, traten wir jetzt in die Pedale und kamen doch nicht vom Fleck. Dahinter alles verglast, der Wald sah von hier aus wie eine Fototapete. Nichts wie weg. Traf Geno, ihr ging es genauso.

Wir machten uns zu Fuß auf den Weg ins nächste Dorf. Das müssen mindestens sechs Kilometer gewesen sein, dann drei Häuser. Unterwegs malte sie ihre letzte Italienreise aus. Herrlich. Sie schwärmt noch, dann eine offene Garage. Darin alles Mögliche an Gerümpel, Getränkekisten und ein paar Stühle. Ein alter Mann winkte uns heran. Piwo? Na klar. Er erzählte ununterbrochen, wir verstanden fast nichts. Aber er freute sich.

Am nächsten Tag die Szene, wie Ehemann und Anhalterin scheinheilig zurück zum 3er BMW kommen. Der ist inzwischen von ihren jüngeren Brüdern komplett ausgeräumt worden. Er startet nicht einmal mehr, das Benzin haben sie auch noch abgesaugt. Die Ehefrau macht den beiden natürlich eine Szene. Er an der Fahrertür, seine Frau auf der anderen Seite. Wald drumherum. Sie schaut komisch, das Mädchen druckst herum.

Am Morgen hatte es nicht einmal im Hotel ein Mobilfunksignal gegeben. Da waren die Businessleute hektisch durch die Lobby gerannt, hatten vor der Rezeption herumgefuchtelt. Als ob es um ihr Leben ginge.

Ja, die Mutti, es könnte schon besser sein, aber mach du mal deinen Film fertig, meinte Claus am Abend. Ich konnte nicht schlafen.

Nächster Drehtag. Das Paar macht sich zu Fuß auf den Weg. Immer noch im Wald, immer noch ohne Empfang. In mir ständig die Ungewissheit, was ich abends erfahren würde. Du, mit Mutti, ich weiß auch nicht, oh, oh, sagte Vati, als ich ihn endlich erreicht hatte.

Wir arbeiteten uns Richtung Warschau vor. Im Film und im echten Leben. Mit dem Kopf am Set, mit dem Herzen in Dresden. Wann seid ihr denn endlich fertig?, wollte Vati wissen. Im Wald sind wir jetzt durch, sagte ich, nur noch zwei Drehtage in der Stadt. Und dann komme ich mit dem Nachtzug und dann fahren wir in die Medizinische und dann bin ich da. – In die Klinik fahren wir nicht, sagte er, sondern ins Hospiz nach

Radebeul und überhaupt, könnt ihr nicht ein bisschen schneller machen?

Die letzte Einstellung. Die Eheleute kommen endlich in Warschau an, aber ziemlich ramponiert. Die Frau findet ihren alten Freund, ihr Mann bleibt draußen, wartet vor der Drehtür. Ich trank in der Rolle Kaffee aus einem Pappbecher, da kam ein echter Passant vorbei und warf mir ein Almosen hinein. Endlich, finale Klappe, Drehschluss, Applaus. Das Team fühlte mit mir und fing dennoch an zu feiern, während mich der Fahrer zum Bahnhof brachte. Ich sprang in die nächste Bahn nach Westen. Der Spätzug war schon weg, also mit Umsteigen mitten in der Nacht in Krakau oder sonst wo.

Am Bahnhof in Dresden stand Vati. Mit seinem Auto fuhren wir direkt nach Radebeul. Richtung Schloss Moritzburg, unweit von Adams Gasthof, wo vor mehr als vierzig Jahren die Hochzeit von Anne und Claus gefeiert worden war.

Wir betraten das Hospiz durch einen schön angelegten Garten. Auf der Wiese Betten und Rollstühle, Frauen und Männer. Einige tranken Sekt und spielten Karten. Vati ging voraus. Seit seine Frau in der Klinik war, kam er mindestens einmal am Tag zu ihr. Er öffnete leise die Tür zu ihrem Zimmer. Mutti schlief, auf ihrem Gesicht die Vormittagssonne.

Ich entdeckte Dinge aus ihrer gemeinsamen Wohnung. Bilder, Vasen, Kissen. Er hatte ihr Blumen mitgebracht und bei jedem Besuch etwas von zu Hause.

Jetzt sagte er: Ich weiß nicht, ob sie dich noch hört. Er blieb draußen, ließ mich mit ihr allein. Ich setzte mich vorsichtig zu ihr auf die Bettkante. Begrüßte sie mit einem Kuss und nahm ihre Hand. Erzählte ihr von meinen letzten Tagen, der Arbeit, dem Film und wie der Wald in Polen ist, von meiner Rückreise und dass ich mich beeilt hatte. Jetzt waren ihre Augen offen, aber sie konnte nicht mehr antworten. Wenige Tage zuvor hatte sie noch selbständig essen können, dann schaltete der Schmetterlingstumor langsam eine Körperfunktion nach der anderen aus. Ich sah auf ihre Hand, die sie nicht mehr selber führen konnte. Wie oft hatte sie mich damit beruhigt. Noch nicht lange her, da hatte sie mit großem Geschick und viel Liebe Kleider für die Puppen meiner beiden Töchter gehäkelt.

Ich blickte in ihr Gesicht. Sie sah so unerhört schön aus wie damals, als sie in Brasilien nach meiner Schuleinführung auf dem Tisch getanzt hatte. Als ich schon im Bett liegen sollte, aber die ausgelassene Feier der Erwachsenen durch den Spalt im Türvorhang beobachtete. Nun saß ich mit ihr hier, war traurig und dankbar zugleich. Dann, unverhofft, ganz leicht und sanft, drückte sie meine Hand.

Antrag

Weihnachten in der Villa.

Prag 1984

Gluthitze. Katrin und ihre Freundin Petra am Strand. Schauen gegen die Sonne in meine Richtung. Ich steh bis zu den Hüften im Wasser. Kiesgrube Dresden Laubegast, Sommer 1984. Bald ist die Schauspielprüfung. Ich nutze jede Gelegenheit, die Rolle zu verstehen. Ich versuch's noch mal: »Ein halbes Jahr sind wir auf der Kippe, wohin willst du noch …? Ein Anfang gleicht dem andern wie Dreck Dreck gleicht, und was du suchst, ist nirgendwo oder hier.« »Die Kipper«, das Stück ist mir nahe. Passt, ein Einzelgänger im Braunkohletagebau. Katrin und Petra applaudieren und lachen sich kaputt. Ich mach einfach weiter. Die an der Schauspielschule wollen zwei Rollen sehen. Die eine hab ich schon mal. Als Klassiker gefällt mir Sosias aus »Amphitryon«, ein gehetzter Diener. Am Strand angekommen, ziehe ich eine Furche. Den Graben von Theben. Ein Knirps leiht mir seine Sandförmchen, spiele mit denen den Schlachtverlauf nach. So grausam wie möglich. Den Kindern gefällt das.

In Schöneweide habe ich das erste Vorsprechen an der Ernst-Busch-Schule hinter mir. Die müssen das nicht zu schlecht gefunden haben, die Berliner. Werde in den Norden geschickt, zu ihrer Außenstelle. An die Ostsee, nach Rostock. Jetzt stehe ich da auf der Probebühne, das Gleiche noch mal. Ziehe den Gürtel aus meinem Hosenbund, lege ihn als Fluss auf den Bühnenboden, nehme die Spielfiguren aus meiner Tasche. Zinnsoldaten und Gummiindianer. Dann genauso wie am Strand, nur anders. Vor mir die Prüfungskommission. Direktor Minetti, der Sohn vom berühmten Bernhard, nickt mir zu. Danke.

Fünfhundert Kilometer mit dem Zug zurück. Dresden-Kleinzschachwitz. Katrin und Petra am Küchentisch. Überlege kurz, ob ich's spannend mache. Kann nicht. Sie sehen es mir an. Bestanden. Wir feiern bis zum Morgen.

Noch eine einzige Formalität, Wehrkreiskommando. Unterhalb der Tanzwirtschaft »Lindengarten«. Habe die Zulassungspapiere zum Studium dabei. Oben rechts fehlt noch ein Stempel. Mit siebzehn schon mal hier gewesen, zur ersten Musterung. Bücken, Husten, Vorhaut zurück. Ich hab denen gesagt, das mit dem Dienst an der Waffe, das ist nichts für mich. Opa und Vati hatten das auch nicht gemacht. Das fand ich gut. Man bat mich sofort in ein Extrazimmer. Ein ranghoher Militär wies mich zurecht: Dein Vater arbeitet doch für den Sozialismus im kapitalistischen Ausland, was denkst du dir dabei? Dann schwadronierte er weiter: Es kann schon sein, dass wir euch einziehen, wenn es euch überhaupt nicht passt, wenn du frisch eine Freundin hast oder gerade Vater geworden bist! Das dürfen wir!

Und genau diesen Genossen Oberst gibt es hier immer noch. Na danke. Reiche ihm meine Zulassung rüber, das freie Feld kennt er doch gut. Müsste jetzt nur noch den Stempel in die Hand nehmen. Und sage ihm auch noch, wenn ich im Herbst zu den Spatensoldaten komme, kann es in achtzehn Monaten losgehen. Mit dem Studieren. Höchste Zeit, bin jetzt 23, und die Schule nimmt keinen, der älter als 25 ist.

Der Genosse glotzt genauso verständnislos wie damals. Lapidar meint er, wann Sie Ihren Ehrendienst bei der Nationalen Volksarmee ableisten, das entscheiden doch nicht Sie. Sondern wir. Arschloch.

Damit ist klar, in dem Land werde ich kein Schauspieler mehr. Ohne Armee kein Studium, ohne Diplom kein Engagement. Simulieren liegt mir nicht. Aussichtslos, will nur noch weg. Fahre mit der Straßenbahn zurück zum Postplatz. Hinter dem Schauspielhaus das Bezirksamt. Auf dem Flur schreibe ich meinen Ausreiseantrag. Klopfe. Herein. Die Dame sagt freundlich, solche Anträge kann man überhaupt nicht stellen. Natürlich kann man, und ich lasse ihn auch gleich hier.

Ab jetzt wird mir besondere Aufmerksamkeit zuteil. Ständig muss ich antanzen. Meine Arbeitsrechtsverhältnisse nachweisen. Echt lästig. Noch leite ich die

Großküche Conradstraße in der Neustadt. Mein Tag dreht sich um Erbsensuppe, Gummischürzen, Eisbeine, Kochkessel, Kippbratpfannen, Kartoffelschälmaschinen und Speisepläne. Mein Schreibtisch steht in einem Glaskasten. Sehe ständig durch die Fenster die Köchinnen im Wasserdampf. Verwalte die Zutaten, kalkuliere, telefoniere mich durch und organisiere den Einkauf. Kurz vor Mittag kommt eine Küchenhilfe mit einem kleinen Teller in mein Büro, ich soll vorkosten. Nippe am Tellerrand, es schmeckt scheußlich. Egal.

Wieder auf dem Amt. Zeigen Sie mal Ihren SVK-Ausweis. Arbeiten Sie noch in der Conradstraße? Ja, Mann, klar. Da gehen Sie jetzt raus und übernehmen oben auf der Südhöhe die kleine Kantine. Neubaugebiet Kohlenstraße. Raus aus dem Küchendunst? Sehr gern.

Mein neuer Arbeitsplatz ist eine zukünftige Dreizimmerwohnung. Im Erdgeschoss eines Plattenbaus, der gerade fertig montiert wird. Ich mag die Bauarbeiter, und die mögen meine belegten Brote. Die Spiegeleier, das Bauernfrühstück, den Gurkensalat, die Bockwürste, besonders die Soljanka. Mache die selbst aus Jagdwurst und Fleischresten, Letscho, Gewürzgurken, Zwiebeln, Paprikapulver edelsüß. Wenn der Lieferant die bestellten Zitronen dabeihat, gibt es eine Scheibe dazu, und Schmand mögen sie auch. Die wollen wissen, was ich eigentlich gelernt habe. Kaufmann! Dann lachen sie und sagen, ich auch. Immer, wenn eine Platte steht, zieht der Tross weiter zur nächsten Baustelle nebenan. Und während drüben die ersten glücklichen Familien durch den Schlamm waten und einziehen, verköstige ich schon wieder. In der nächsten Dreizimmererdgeschosswohnung. Auch hier schlagen die Schweißer und Kranfahrer mit ihren Helmen kräftig gegen die Wohnungstür, schon kurz vor acht: Smutje, mach das Brett auf, Hunger!

Der Teetrinker mit Anzug aus der Bauleitung bringt Sterne aus Pergamentpapier mit. Für die Fenster. Seine Frau hat übers ganze Jahr das Futter aus Briefumschlägen rausgetrennt. Für Weihnachtsschmuck.

Das mit dem Ausreiseantrag, das dauert mir inzwischen zu lange. Im Deutschlandfunk haben sie gesagt, dass die Nichte von Willi Stoph aus der Prager Botschaft direkt in den Westen gefahren ist. Das mache ich jetzt auch. Freitagnachmittag. Noch drei Tage bis Heiligabend. Nehme die Kaffeemaschine vom Netz, schalte den Bockwurstkessel aus, putze noch einmal durch. Die Kühltruhen bleiben an. Belege mir ein Brötchen, schließe ab. Dann zum Bahnhof. Wann fährt der Nachtzug nach Prag? Ist zu schaffen.

Zu Hause wird die kleine Reisetasche gepackt. Hemden, Unterhosen, Zahnbürste, Handtuch. Wie für ein paar Tage Urlaub. Zum Zeigen an der Grenze. Ausweis, ein paar Kronen von der letzten Reise in die Tschechei. Dazu Shakespeares »Sturm«, will im Westen mit dem Ferdinand vorsprechen. Ziehe die Wohnungstür zu. Keinen Zettel auf den Küchentisch. Die Nachbarin scheint schon zu schlafen. Kein Auge am Spion.

Auf dem Weg zum Bahnhof Schwibbögen hinter den Fenstern, Herrnhuter Sterne, Pyramiden. Kaum jemand unterwegs. Oberer Bahnsteig, der Zug ist pünktlich. Durch die rußigen Fenster kann ich draußen kaum was erkennen. Ab und zu Lichter. Ich kenn die Strecke, wir fahren an der Elbe durch die Sächsische Schweiz. Dann Grenze, Kontrolle, Ausweis. Wo wollen Sie hin? Nach Prag, Weihnachtsurlaub.

Im Morgengrauen kommen wir an. Scheißkalt hier. Nehme die Straßenbahn, auf die alte Seite. War schon ein paarmal hier, kenne die Gegend um die Burg ganz gut. Oben vom Petřín-Hügel ist die Villa mit der Deutschen Botschaft von hinten zu sehen. Mondäner Garten, hohe Zäune, keine Bewegung. Da muss ich rein. Laufe bergab, biege in die Gasse, wo der Eingang ist, sehe direkt vor der Botschaft zwei tschechische Polizisten mit den Hacken am Holzportal. Was ist das denn? Zu riskant. Ich gehe an ihnen vorbei. Ein paar Häuser weiter bergab das Sternenbanner über dem Eingang der amerikanischen Botschaft. Davor ein halbverschlafener Polizist in seinem Diensthäuschen und das Tor sperrangelweit offen. Schlendere durch den Eingang, als ob ich da zu Hause wäre. So fällt es am wenigsten auf.

Empfangstresen. Eine Dame kommt auf mich zu, ich zeig ihr meinen Ausweis. Gespieltes Lächeln, please, take a seat. Sitze jetzt schon ewig. Dann kommt einer und gibt mir einen fotokopierten Schrieb auf Deutsch: »Asyl und Beschützung unmöglich.« Da steht, die USA können nichts für mich tun. Außer, mich an die DDR-Grenze zurückzufahren, im Diplomatenfahrzeug. Aha. So einen Wisch bekommt wohl jeder in meiner Situation. Nein, ich bleibe auf amerikanischem Boden! Schweigen. Warum nicht next-door gegangen?, fragt mich der Amerikaner. Erzähle ihm von den Milizen, und er geht. Wieder nur warten, endlos. Denke an meine Eltern in Maputo, Mosambik. Pazifik.

Stunden später kommt er wieder. Mit dem deutschen Konsul. Sie bringen mich jetzt dahin, wo ich hingehöre, sagen sie. Mit dem Amerikaner links und dem Deutschen rechts geht es die Gasse hinauf. Rechts ein Gasthaus »Zum goldenen Arm«. Ich muss schmunzeln. Der Konsul sagt, sobald die Tür aufgeht, einfach durchgehen. Genau so wird's gemacht. Erst Luke, dann Tür, dann drin. Na dann, herzlich Willkommen in der Bundesrepublik Deutschland. Und ich sage, meine Tasche ist noch bei den Amis.

Innen alles barock. Ein Botschaftsmitarbeiter erledigt die Formalitäten. Was wollen Sie im Westen? Studieren, sag ich. Er kann nichts versprechen. Sie tun, was sie können, aber ich soll mich nicht wundern. Da sind noch eine ganze Menge Landsleute. Wie bitte? Als er mich nach oben bringt, höre ich Sächsisch und Thüringisch. Ein paar Dutzend, schon seit Wochen da, meint er. Die Flure im ersten Stock sind vollgestellt mit Feldbetten. Mann, ist das eng.

Hallo, ich bin die Michaela, arbeite hier. Ich schaue

und dann noch mal. Sie steht gut im Schuh. Dann weiter unters Dach. Wenige Schlafplätze, eine Matratze frei. Der ist gestern zurückgefahren. Na, dann. Mach mich lang, das erste Mal seit über dreißig Stunden. Im Halbschlaf ringsum lautes Atmen, dann Stöhnen. Wache auf, schaue über die Schulter rüber. Geht's noch? Der Typ nebenan holt sich einen runter und sieht mich dabei direkt an. Dann ist er fertig und sagt, du, ich bin der Matthias. Fast hätte er mir noch seine benutzte Hand gegeben.

In der Küche unten gibt es belegte Brötchen und Joghurt. Und Filterkaffee. Dann in den Garten, eine rauchen. Der Typ auch draußen, sagt: Ich bin einer der Köche von Honecker in Wandlitz, Ausbildung im Palast der Republik. – Na toll. Höre ihm eine Zigarettenlänge zu, dann wieder rein. In die Bibliothek. Finde ein Gästebuch mit Einträgen glücklicher Ostfamilien, die es geschafft haben.

Endlich Kontakt zu Wolfgang Vogel, per Telefax. Michaela sagt, er diktiert die Preise für die verlorenen Töchter und Söhne der DDR. Egal ob Ärzte, Künstler oder Kleinkriminelle. Ich telegrafiere. Brauche die Zusage für eine sichere Ausreise. Sonst gibt es für mich keinen Weg zurück. In die DDR.

Jede Menge Kinder da. Warten, bis es dunkel wird, dann dürfen sie in den Garten. Ich komme im ersten Stock vorbei. Sehe ihre Väter. Die liegen den Tag über rum, auf Bundeswehrfeldbetten, als wären das Hängematten. Ein paar sind im Hungerstreik. Die Frauen tragen neue West-BHs aus der Caritas-Kleidersammlung. Die Pakete reißen sie immer auf wie die Blöden. Den Rest vom Tag sitzen sie rum, Lockenwickler im Haar und blättern in Illustrierten. Eine füttert die Münder der Männer mit Trauben. Nach dem Abendbrot stehen die Töchter dann bei den Jungs vom Bundesgrenzschutz im Hof. Westfluppen, Jim-Beam-Cola und Disko aus dem Kassettenrekorder. Gehe durchs Haus und sehe, dass die Hungerstreiker Proviant unter dem Bett horten und nachts Honig schlecken. So ist das also.

Nach dem Frühstück zu den Frauen vom Roten Kreuz. Beim Abwasch helfen, das kann ich gut. Sie reden über die Weihnachtsfeier. Kleine Geschenke haben sie schon, aber noch keinen Weihnachtsmann. Ob ich vielleicht …? Die Arme bis zum Ellbogen im Spülwasser, ein riesiger Tellerstapel neben mir. Mach ich! Die Deutschen haben kein Kostüm, aber die Amis nebenan helfen aus. Und irgendwann ist es da. Meine Tasche auch. Danke. Also: Santa Claus statt Ferdinand aus dem »Sturm«. Mein erster Auftritt vor großem Publikum, in Stiefeln, zwei Nummern zu groß. Schreiende Kinder, genervte Eltern, aufgerissene Pakete. Stress.

Zwischen den Jahren arbeitet die Kanzlei Vogel nicht. Die Warterei zerrt an den Nerven, zermürbt mich. Ich sage mir, Junge, du musst echt Geduld haben. Raus kannste nicht und ohne Zusage bringt auch nichts. Die anderen haben das Warten satt und reisen nacheinander ins Ungewisse. Straffreiheit haben sie ihnen zugesagt. Traue aber der ganzen Sache nicht. Hier raus? Erst wenn eine Ausreisezusage da ist, schriftlich. Silvester herrlich. Die meisten sind weg, die Kinder alle.

Ich bleibe. Am 15. Januar sind wir nur noch zu dritt. Da stellt sich ein Herr Salewski vor, Psychologe aus München. Erklärt jedem einzeln, wie schwierig die Situation für uns ist. Auch diplomatisch. Ob mir das überhaupt bewusst wäre? Der Typ noch jung, aber war schon bei der »Landshut«-Entführung im Tower von Mogadischu dabei. Stundenlang mit den Terroristen verhandelt. Und dass wir uns Westdeutschland nicht so einfach vorstellen sollten. Dann die Zusicherung. Dass die Regierung der Bundesrepublik alles tun wird, um meine Ausreise zu ermöglichen. Die Arbeit meiner Eltern in Afrika hätte keinen Einfluss darauf. Genauso hatte ich mir das vorgestellt. Also kann mich Dresden für ein kurzes Weilchen wiederhaben.

Am Hauptbahnhof erwarten mich zwei Herren. Verfrachten mich in einen Lada. Scheiße. Die haben mich verarscht, die Vernehmung ist im Knast. Aber sie sind zuvorkommend, fahren mich in gepflegtem Tempo durch die Stadt. Herkulesallee, Großer Garten.

Wir halten vor einer Jugendstilvilla. Innen fast leer, nur ein paar Stühle und Tische, Tonbandgeräte und Mikrophone drauf. Ich soll von meinem Aufenthalt in Prag berichten. Ok. Die wissen eh alles. Der Stasioffizier redet in einem gütlichen Ton auf mich ein: Ich entlasse Sie jetzt, reden Sie mit niemandem über diese Geschichte und verhalten Sie sich den Gesetzen der DDR entsprechend. Dann stehe ich draußen in der Januarsonne. Mit meiner Reisetasche.

Bei Katrin sind sie gewesen. Auch bei Biggi und Knut und all den anderen. Die Herren vom Geheimdienst. Wollten wissen, seit wann trägt er sich denn schon mit dem Gedanken? Was stört ihn denn so an der DDR? Erzählen Sie doch mal! Und wirklich nichts gewusst von seinen Plänen? – Wie denn? Ich hatte niemandem was erzählt. Keiner musste lügen. Ein paar Tage später weist mir die Abteilung Inneres eine Stelle zu. Als Finanzbuchhalter bei der Abwasserversorgung. Von meinem Schreibtisch aus den Blick auf das Standesamt, in dem meine Eltern geheiratet haben. In der Mittagspause gern im Mini Drink gegenüber vom Japanischen Palais. Kännchen Mokka, manchmal einen Toast Hawaii. Draußen läuft Katrin vorbei, sie sieht mich nicht.

Transit

Umweg nach Westberlin.

1985

So, da isse. Die Karte im Briefkasten. Laufzettel abholen, Stadtwerke, Sparkasse, Genossenschaft, Krankenkasse. Ob ich schuldenfrei bin? Bin ich. Hatte schon von der Prozedur gehört. Aber den Wisch nun selbst in der Hand, das ist schon was anderes. Na, dann dreh ich mal eine Runde. Aber nichts überstürzen.

Plötzlich alles so ultimativ. Der Mann bei den Gaswerken mustert mich: Verlassen wollen Sie uns? Er knallt den Stempel so auf den Zettel, dass die Tinte spritzt. Steige wieder aufs Rad, zum Wohnungsamt. Geschlossen. Also die Hintertreppe nach oben, als ob ich hierhergehöre. Die Zimmertür offen, die Frau hat es eilig, schaut mich kaum an, Stempel, Unterschrift und raus. Dann zu meinem letzten Vorgesetzten, Volkseigene Abwasserwirtschaft. Die verwalten die Kanalisation und alles, was durch die Gosse läuft. Gegenüber vom Standesamt, das Gebäude in erbärmlichem Zustand. Endlich nicht mehr ins ranzige Büro zu der Frau, die nie gelüftet hat. Abteilungsleiter hätte ich werden können. Danke, kein Interesse.

Schneller Mokka im Szeged. Mit den Leuten, die immer hier sitzen. Endlich den Laufzettel abgearbeitet. Nur noch zum Rathaus, Identitätsbescheinigung abholen. Als Zielort bei Abteilung Inneres »Berlin-West« angegeben. Behlert ist letztes Jahr rüber, hat meine Unterlagen bei der Kunsthochschule schon eingereicht. Er hat für mich unterschrieben, sonst schreibt er Gedichte. Seine Wohnung kann ich erst mal haben. Er hat 'ne neue Freundin in Steglitz, wohnt da. Stell mir das Rüberlaufen vor. Den Übergang an der Oberbaumbrücke kenne ich von der Ost-Seite aus. Da gehen nur Rentner oder Ausreisende durch. Und Tagestouristen aus dem Westen. Morgen Abend ich.

Lehne mein Rad unter einen der Löwen vorm Rathaus. Hoch zum Genossen Schurz. Gebe ihm den von Stempeln malträtierten Zettel, er gibt mir einen Schrieb. Darauf »Visum zur einmaligen Ausreise«, über Grenzübergangsstelle Gerstungen. Was? Ich fall ins Essen. Nie gehört, wo ist das denn? Mensch, will doch über die Friedrichstraße raus! Nee, geht nicht, Sie nehmen den Interzonenzug nach Frankfurt am Main. Wollen Sie jetzt raus oder nicht? Er gibt mir die Hand. Wünscht mir eine gute Reise. Der einzige Genosse mit ehrlichem Händedruck und offenem Blick, den ich je getroffen habe.

Unten wartet sie. Bettina, meine Schöne. Will es nicht wahrhaben, hat wohl gedacht, der Typ geht am Ende doch nicht. Auf keinen Fall. Sie fragt … ja …? Wortloses Nicken. Aus dem Nichts kommt eine Backpfeife.

So schnell kann ich gar nicht gucken. Ihr ausgestreckter Arm steht noch immer in der Luft. Dann dreht sie sich um und läuft einfach los. Stehe noch völlig perplex da. Soll ich jetzt oder nicht und überhaupt? Ich in der anderen Richtung ums Gebäude herum, auf der Rückseite treffen wir uns wieder. Sie breitet ihre Arme aus, ich zucke kurz. Weiß nicht, was kommt. Dann umarmt sie mich. Sagt nichts mehr und geht.

Ich nehme mein Rad, tschüss Löwe. Nach Hause. Packe ein paar Klamotten in die Reisetasche, »Kabale und Liebe« noch dazu. Die meisten Sachen längst verschenkt. Bringe die Küche in Ordnung. An Schlaf nicht zu denken. Früh die Wohnungstür zum letzten Mal hinter mir zuziehen, Schlüssel in den Briefkasten.

Fahre zum Delikat, dem Fresstempel. In den Drahtkorb kommt Kaviar, Lachs, Sekt, schweineteuer. Wohin sonst mit dem übrigen Geld?

Den besten Freund noch einmal besuchen. Knut liegt noch in der Kiste, als ich reinkomme. Wie gern wäre er Maler. Alle sind im Westen, und jetzt gehe ich auch noch. Alle verlassen diese Stadt, da kriegt man doch den Blues. Wir frühstücken, rauchen, hören The Clash wie so oft. Reden wie immer, als ob wir uns morgen oder übermorgen wiedersehen würden.

Und dann ist es Abend. Drei viertel elf fährt mein Zug nach Frankfurt am Main. Knut bringt mich, Bahnhof Dresden Neustadt. Wir haben noch Zeit, also kurz in die Mitropa rein, Bier holen. Dann zur Rampe. Bei den Russen, da, wo sie sonst Panzer verladen. Wenn keiner da ist, kann man hier gut sitzen. Wir sind ganz schön erschöpft. Heul bloß nicht rum, wenn der Zug abfährt, sage ich. Dann müssen wir los. Nicht heulen! Große Umarmung, er haut mir kräftig ins Kreuz. Tu nichts, was ich nicht auch und so.

Suche mein Abteil, Fensterplatz, gegen die Fahrtrichtung. Knut draußen, verzieht keine Miene, standhaft. Danke. Schrilles Pfeifen, der Schaffner knallt die Wagentür zu, und der Zug ruckt an. Blick auf den Boden. Will nicht durch verdreckte Scheiben auf Dresden schauen und mich jede Sekunde für immer verabschieden. Aus dem Augenwinkel vier Beinpaare, alte Damen unterhalten sich leise darüber, was sie ihren Enkeln aus dem Westen mitbringen sollen. Von Biggi habe ich mich nicht verabschiedet, keinen Bock auf den letzten Metern auf den Genossen Gemahl. Bin müde, sehe wieder die Knie und die Röcke.

Die Abteiltür wird aufgezogen, so schnell Kontrolle? Schaue rüber, da steht sie, eine Hand am Griff, eine am Türrahmen. Was? Bettina? Wie kommt denn die hierher? Ich hatte wirklich geglaubt, dass die Backpfeife vom Rathaus unser Abschied war? Da steht sie immer noch. Träum ich jetzt, oder was ist los? Drücke mich zwischen den Knien der Omas zur Tür durch, wir gehen zwei Abteile weiter, leer, ziehen die Gardinen zu, küssen uns. Wie sie mich anschaut. Komm mal raus hier! Mann, wickelt die mich ein. Wir brauchen ’ne Ecke, die wirklich ungestört ist, und sie geht schon mal vor. Richtung Reichsbahnklo. Tür auf, der Deckel steht offen, unten an der Klappe hängt noch Scheiße. Ich knall ihn zu. Sie setzt sich aufs Waschbecken. Kurz vor Leipzig sind wir fertig, im Spiegel mein Gesicht. Dann steigt sie aus. Sagt nichts, dreht sich nicht um. Am liebsten würde ich immer noch mit ihr gehen.

Zurück im Abteil fallen mir die Augen zu. Kurz die Lider hochgeklappt, was ist das denn? Gegenüber eine junge Frau. Die muss in Leipzig eingestiegen sein. Fährt bestimmt nur bis Erfurt, wohl kaum über die Grenze. Sie schaut mich an und meint: Mann, siehst du geschafft aus, ich hab meine Tanten im Osten besucht, mir geht's nicht besser.

Dämmere weg, wache auf. Eisenach. Unter dem Zug klopft es ständig. Wir stehen ewig. Eine Oma raunt, jetzt suchen sie wieder jemanden. Schritte auf dem Gang, ein Grenzer reißt die Abteiltür auf. Hinter ihm einer mit Bauchladenbüro, ein aufgeklappter Schreibtisch mit Stempelkissen. Hab gar nicht gemerkt, dass wir wieder fahren. Jetzt sammelt er nacheinander die Pässe ein. Erst die blauen von den Omas, mit Hammer, Sichel und Ehrenkreuz. Dann den grünen von der Kleinen gegenüber. Ich reiche ihm mein Faltblatt mit Passbild und Visum. Anschauen soll ich ihn. Ja, is ja gut. Er braucht noch einen Moment, dann drückt er den Stempel auf die Rückseite meiner Identitätsbescheinigung. Preuss können wir abhaken in der DDR. Der ist raus.

Kaum sind sie weg, reißt wieder jemand die Tür auf. Eine Frauenstimme. Haben Sie was anzumelden? Nö. Denken die, ich sitz auf fünfzig Gläsern Spreewaldgurken? Dann fährt eine andere aus der Zollabteilung mit einem zu groß geratenen Zahnarztspiegel auf Rollen unter den Sitzen lang. Hier ist nichts. Dann ziehen sie ab ins nächste Abteil. Wir halten wieder, ich lese Ger-stung-en. Die Uniformierten steigen aus. Mensch, wie lange stehen wir hier noch im Niemandsland, verdammt nochmal? Wollen die hier umspuren? Wie nach Russland? Oder verarschen die mich doch noch? Die Kleine gegenüber von der Stasi? Hab ich zu viel erzählt? Es rumpelt. Ach so. Die haben die Lok gewechselt.

Wir fahren wieder an, Schritttempo. Der Grenzstreifen taghell, Wachtürme, Panzersperren in geharktem Sand. Hinter dem Zaun tiefschwarz. Wir sind durch.

Die alten Frauen sind urplötzlich munter, ausgelassen, machen Scherze. Eine holt einen Eierlikör ohne Etikett raus, die Flasche kreist. Wo fährst 'n eigentlich hin?, fragt die gegenüber. – Gießen, Notaufnahmelager, zu den Amis, Franzosen, Engländern, alles furchtbar. Soll mich beim Diakonischen Werk melden. Aber ich will doch nur nach Westberlin! Sie lächelt, meint: Ich steige in Fulda aus, studiere da. Du siehst aus, als könntest du 'ne Mütze voll Schlaf gebrauchen. In meiner WG ist noch ein Zimmer frei. – Was? – WG, Wohngemeinschaft! – Kenn ich nicht. Aber ich muss doch … – Gar nichts musst du. Kannst einfach mit mir aussteigen und dich ausruhen. Gießen musst du gar nicht oder später, aber jetzt schläfst du erst mal.

Es dämmert, wir steigen aus, die Wohnung nicht weit vom Bahnhof. Sie zeigt auf eine offene Tür. Der ist gerade nicht da, das Bett kannste haben. Es ist sechs Uhr früh, 1. September 1985, mein erster Tag im Westen bricht an. Ich verschlafe ihn völlig, wache gegen Mitternacht auf. Sie aus der Küche: Achtzehn Stunden hast du durchgepennt, ich hab mir echt Sorgen gemacht. Bin immer wieder in dein Zimmer, atmet der noch? – Wir lachen. Sie gießt Rotwein ein. Sitzen und reden bis zum nächsten Morgen. – So, jetzt streichst du mal das Wort »müssen« aus deinem Vokabular, meint sie irgendwann, denn hier musst du gar nichts. Frühstücken vielleicht.

Und dann kommt ihr Freund, wir am Tisch. Wie ist denn das mit der DDR?, fängt er an. Und wieso und wohin und was machen die da und überhaupt. Gegen Mittag ein Vorschlag: Wollen wir zum Monte Kali? Noch nie gehört. Nach ’ner Stunde Fahrt sitzen wir auf einer Wiese, unter uns ein Dorf, vor uns ein unwirklicher Berg. Dahinter die Zonengrenze, meint er. Er dreht sich eine Zigarette, krümelt was rein, die beiden ziehen. Ob ich auch mal will? – Nee. – Los, zieh doch mal, da is’ was drin. – Wie, was drin? – Gras, grinst er. – Keine Ahnung, aber ich ziehe, und wir sitzen dann so eine Weile nebeneinander. Ich schaue auf den Berg, so müssen die Alpen aussehen. Er sagt, das ist alles Salz.

Ich frage, bist du sicher? Ich finde den Berg klasse,

aber nun zieht es mich weiter. Musste nicht, meint sie. Aber wenn du willst, dann fahr. Bloß nicht mehr heute.

Mit dem Zug nach Gießen. Zum Notaufnahmelager. Brauche Stempel von allen Alliierten. Lange Gebäude. Vor den Eingängen Schlangen von Leuten. Lesen das Goldene Blatt. Im Vorbeigehen höre ich: Apfelshampoo, Bier, Italien, Spanien, Automarken und welche Sorten Fruchtjoghurt es hier gibt. Was ein Scheiß.

Die Zeit ist kostbar, ich durch die Seitentür. Direkt vors Büro der Amerikaner. Ein Ostler kommt raus mit schlechter Laune. Ich rein, schließe die Tür hinter mir. Was sind das wohl für Leute, die den ganzen Tag Flüchtlinge registrieren?, denke ich. Der Ami schaut erst freundlich, dann irritiert: Ihr Vater war in Brasilien, im Libanon, in Kolumbien und ist jetzt in Maputo? Was ist denn das? Dann muss er doch ein famous East German sein und relevant for us, suspicious. Er zieht ein dickes Buch aus dem Regal hinter sich. Ich sage, brauchen Sie gar nicht aufzuschlagen, Papa ist nicht in der Partei. – No, not in the Communist Party? Stasi? – No, nüscht. Er findet nichts unter P, knallt den Stempel auf meine Papiere. Good Luck. Muss noch zu den Briten und Franzosen. Bei den Deutschen gibt es die Arbeitslosmeldung und hundert Mark Willkommensgeld von der Kirche.

Endlich draußen, ein Bus fährt vor. Dürre, gebeugte Gestalten kommen raus, halten sich an Jutebeuteln fest. Gespenstisch. Einer kommt mir bekannt vor. Aber der ist doch viel älter als der, den ich meine. Er kommt zögerlich auf mich zu: Kennste mich noch? Thomas, hab in der Winzerstube am Neustädter hinterm Tresen gestanden. – Also doch. Sieht der schlecht aus, ihm fehlen ein paar Zähne. Skorbut oder ausgeschlagen. Kommt direkt aus dem Knast in Karl-Marx-Stadt, sagt er. Heute Morgen noch Dunkelarrest, Schläge von den Wärtern. An der Grenze eine Tasche mit Südfrüchten. Er hat noch nichts davon angerührt. Wusste nicht, wie lange es dauert, bis er wieder was bekommt. Ich lege die Hand auf seine Schulter, jetzt hast du es geschafft. Er lächelt schief: Die wollten ständig wissen, worüber ihr in der Winzerstube redet. Das hab ich nicht mehr ausgehalten. – Dann reiht er sich wieder ein. Beim Roten Kreuz gibt es Kaffee und belegte Brötchen für die freigekaufte Busladung.

Gehe zur Haltestelle vor dem Lager. Am Pförtner vorbei, schönen Feierabend. Kann endlich weiter nach Frankfurt am Main. Ein Flugticket in der Tasche. Transit durch die DDR ist erst mal nicht mehr, haben sie mir gesagt. Vor mir quietschen Reifen, ein Cabrio. Zwei Männer, der Beifahrer springt aufgeregt raus. Moment mal, den kenn ich doch? Don Carlos! Was macht der denn hier? Den kenn ich doch aus Dresden. Immer die Hauptrollen am Schauspielhaus. Er hat es eilig, erzählt kurz. Vor sechs Stunden in Salzburg losgefahren. Gastspiel. Die Kollegen schön brav zurück in die DDR. Die Abendvorstellung dort spielt er heute nicht.

Internationaler Flughafen Frankfurt. Echt groß. Zum

ersten Mal als Bundesbürger durch die Kontrolle. Die Maschine hebt ab, dreht. Ich sehe den letzten Rest Sonnenlicht am Horizont. Irgendwann fragt die Stewardess, was darf ich Ihnen anbieten? Unter mir die DDR, vor mir Berlin-West.

Fasching

Schön und gefährlich.

Dresden 1986

Wieder eingeschlafen. Mit dem Hörer. Satte Telefonrechnungen die letzten Monate. Die lange Vorwahl war immer Osten. Im Hygiene-Museum kann ich sie direkt erreichen. Die Geliebte. Klappt ohne Anmeldung für Westgespräche. Nullapparat. Keine Vermittlung, sie ist einfach dran. Stundenlang geht das. Dann kann ich sie in der Pförtnerloge sitzen sehen, eine Tischlampe das einzige Licht im riesigen Foyer. Ein aufgeschlagenes Buch. Manchmal liest sie mir einfach vor. Gedichte, die ihr aus der Seele sprechen.

Gestern waren wir verzweifelt. Dieses System und die Mauer sind einfach nicht für uns gemacht. Für wen überhaupt? Hinter ihr die Schlüssel im Schrank. An jedem eine Marke mit eingestanzter Nummer. Im Seitenflügel der Radiosender Dresden mit Wachmann vorm Eingang. Ja, den Ausblick kennst du noch, sagt sie. Du hast mit mir die Nachtschicht geteilt! Im Frauenruheraum. Oder die Runde mit mir gedreht. Aufschließen, Licht an, alles in Ordnung. Wieder raus und weiter. In den Räumen mit allerhand in Formalin haben wir genauer hingeschaut. Und wieder in die Pförtnerloge. Sie redet und redet, weil sie auch nicht weiß, wie das alles gehen soll. Ich noch weniger. Nächste Woche treffen wir uns wieder, in Prag. Bis bald, Liebste!

Vorher noch zur Jebensstraße. Gleich vorn warten die Jungs auf Freier. Hinten die Bahnhofsmission. Ich muss gegenüber in den zweiten Hinterhof. Vielleicht genehmigen die Herren aus Ostberlin diesmal den Transit durch Sachsen. Zum x-ten Mal beantragt, vielleicht rutsch ich diesmal durch. Warten auf den Aufruf. Einer der Genossen in den braunen Uniformen winkt mich an seinen Tisch. Ich trete ran. Ein improvisierter Schalter. Er sitzt, ich stehe. Setze gerade zu meiner Frage an, da kennt er sie schon. Sein Standard folgt: Nicht genehmigt. Warum, dazu kann ich Ihnen leider keine Auskunft geben. Der Nächste, bitte!

Raus. Über die Hardenberg Richtung Amerika-Gedenk-Bibliothek. Zwischen den Fahrbahnen ein Geländer. Kurzer Satz drüber und rein ins Pressecafé. Erst mal verdauen. Die verbale Abfuhr. Auch sein Grinsen beim auswendig aufgesagten Spruch. Der letzte Hocker am Fenster ist noch frei. Kännchen Mokka und das schöne Gelb der Reifenreklame aus den Fünfzigern an der Brücke. Oben fährt eine S-Bahn ein. Jetzt kommt die Durchsage vom Bahnsteig, Bahnhof Zoo. Auf einmal höllischer Lärm drunter. Ach, die Arbeitsbrigade, die für mich keinen Stempel hatte, biegt ein. Feierabend für heute. Der Barkas hat rot. Aus dem dünnen Auspuffrohr eine blaue Rauchwolke. Da sitzen sie in ihren halb ausgezogenen Uniformen auf den Rückbänken. Vorn der Fahrer über dem Zweitakter. Von hier aus immer ein Vergnügen dieser Anblick. Wie aus der Zeit gefallen. In den Seitenfenstern vom Kleinbus die Einkäufe in Plastikbeuteln an den Mantelhaken. Zu Aldi schaffen sie also ihre Spesen. Klar, gleich um die Ecke. Grün. Sie knattern los Richtung Grenzübergang. Und sofort Vollbremsung. Alle Insassen gehen Richtung Frontscheibe und richten sich dann wieder auf. Der Junkie wäre ihnen fast vor den Kühlergrill gelaufen.

Ich muss also wieder außenrum nach Prag fahren. Vier Stunden länger, wegen der Willkür beim Antrag fürs Transitvisum. Das nervt. Gelinde gesagt! Aber was soll's. In der Sophie-Charlotte Kleinigkeiten gepackt und los. Das Treppenhaus mit Sprüchen und Plakaten voll. »Bum Bum Boris« ist neu. Im Erdgeschoss am geklauten Heizmaterial vorbei. Wo fährst du hin?, fragt Fred. – In den Osten. – Grüß mal!

Auffahrt Messedamm und auf der Avus zum Übergang Drei Linden. Rennstrecke für die Eingeschlossenen. Die Westberliner Beamten in verglasten Zollhäuschen. Freundliches Durchwinken. »Sie fahren weiter durch Deutschland« steht auf einem Schild. Dabei wissen sie genau, dass die Ostler das anders sehen. Dann ein Stück Niemandsland und Schlange stehen. Sitzend. Vor mir das Lenkrad. Auf der Ostseite sammelt einer schon vorher die Pässe ein. Kurz durchblättern, wichtig tun und das Fahrzeug in Augenschein nehmen. Gleich wird er eine von den vielen Klappen öffnen. Die Pässe legt er auf ein überdachtes Förderband in Schnellhefterbreite. Damit sie noch vor dem ranrollenden Wagen in der Grenzbaracke ankommen. Erfinderisch sind sie. Aber die Abfertigung! Dreifache Zeit. Das dauert und dauert.

Ich soll vorfahren. Jetzt tut er so, als sei mein Pass gerade erst angekommen. Er schlägt ihn auf. Von der Seite mit dem Passbild macht er eine Kopie. Dann seelenruhig durchblättern. Mit der Daumenkuppe schiebt er die einzelnen Seiten um. Sie knicken leicht ein. Stempel aus fernen Ländern entdecken. Und dann der Blick, wenn er beim Geburtsort ankommt. Er schaut mir in die Augen. Verständnislos. Und reicht das Dokument mit ausgestrecktem Arm zurück. Fast bis zur Seitenscheibe. Das dauert wieder, bis die Schranke aufgeht. Endlich. Feststellbremse lösen. Das satte Geräusch der Feder, die sich entspannt. Ein kurzes Mundwinkelhoch beim Uniformierten. Gute Weiterfahrt! Und dann gepflegt aufs Gaspedal. Durch die alte Heimat.

Irgendwann ist die Hälfte geschafft. Hermsdorfer Kreuz, rechts raus. In der Herrentoilette Westmark wechseln. Für ’ne Stange Club. Routine oder Ritual – egal! Vertrauten Dialekt hören tut auch gut. Danach Kassette im Autoradio, Love Hurts. Langsame Runde in der Schuldisko. Mach’n Se mal leiser bei der Passkontrolle. Blicke nur auf seine Uniformknöpfe. Ich soll ihn anschauen. Lassen Se mal ein neues Passbild machen. Kurzer Fingerzeig. Seine Hand tut nur das Notwendigste. Fahr'n Se weiter! Endlich Rasthof Frankenwald. Bier mit Aussicht auf vier Spuren. Und weiter geht's.

Kurz vor Bayreuth runter von der Autobahn. Dann das dritte Mal Grenzanlagen. Familie? Ich lächle kurz. Die Tschechen wissen genau, was kommt. Alles, was hier vor oder hinter mir ein Visum vorzeigt und gestempelt kriegt, trifft sich mit den engsten Freunden. Oder Verwandten.

In Prag ist das Gleisbett der Straßenbahn asphaltiert. Die Bahn das gleiche Modell wie in Dresden. Sonst 'ne Menge Kopfsteinpflaster. Ich fahr Richtung Troja. Gleich um die Ecke der Zoo. Vielleicht ist Emil wieder in der Küche von Frau Petrovka, unserer Vermieterin, und erzählt. Vom Olympiasieg, und mit welchen Schuhen er damals über die vierzig Kilometer gerannt ist. Das letzte Mal kam er auch rüber. Der hat alles gewonnen für unser Land, sagte sie, und dann haben die ihn kaltgestellt. Die Funktionäre. Nach den Protesten '68 auf dem Wenzelsplatz. Sogar Bergwerk als Strafe. Und später Zeugwart, als Rentner. Seitdem hält er den Sportklub in Ordnung. Ganz hinten, am Ende der Straße, meint er. Und das als Weltrekordler. Er zwinkert. Was dazu verdienen. Muss sein. Kein langer Arbeitsweg. Auch gut. Erzählen macht ihm Spaß. Wenn er mit dem verschmitzten Gesicht nicht weiterkommt, dann eben mit

Händen und Füßen. Emil geht ans Herz. Zátopek, den Namen kannte ich schon lange.

Endlich im Zimmer. Klar war sie kurz vor mir rein. Sitzt auf dem Bett. Die Haare kürzer, steht ihr gut. Ein Moment Sprachlosigkeit. Wie immer. Keiner von uns beiden hat Hunger. Morgen früh mal in die Stadt, vielleicht. Und später hatten wir vergessen, wo das Kopfende war.

Zusammen aufwachen auch schön. Wie immer. Und dann kommt wie aus dem Nichts der Vorschlag: Wir gehen heut Abend zum Kunsthochschulfasching in Dresden. Wie bitte? Ja, wir müssen über die Sächsische Schweiz, das geht. – Wir beide? – Ja. – Aber du weißt doch, dass ich nur ein Visum für hier habe. – Macht nichts. Hier ist die Wanderkarte. – Und die kenn ich doch! Von Vati aus der Schrankwand, im untersten Schieber. Da hatte er seine Sammlung. Auffalten und gut lesen musst du sie können, hat er gesagt. Jeder Weg hat eine eigene Farbe. Und hier ist die Legende, alle Zeichen erklärt.

Bei Tageslicht trau ich mich nicht an die Grenze. Ich auch nicht, sagt sie. Aber in die Nähe fahren geht doch. Wir nehmen den Vorortzug bis zur Endstation! – Und dann? Es hat geschneit, wir sind doch ein leichter Fang in unseren Klamotten. Bin wirklich nicht ausgerüstet für eine Wanderung. – Ich vielleicht?, fragt sie. Los komm. Weißt du, wer heute Abend da sein wird? Jetzt fängt sie an, Namen aufzuzählen. Wie Tischkarten bei einer Hochzeit. Auf alle würde ich mich freuen. Also los!

Am Bahnhof Dolní Žleb raus und umschauen. Den Bahnsteig haben wir schon mal für uns allein. Der Himmel verhangen. Hinter dem Gebäude ein Weg, der bergauf führt. Noch mal prüfen, was hinter uns ist. Wir sind die Einzigen, die Richtung Waldhang wollen. Ständig dieses Umschauen. Aber da folgt uns keiner. Wir müssen weiter, sagt sie. Es dämmert. Meine Füße fangen an zu frieren. – Das liegt an der Durchblutung, Bewegung hilft. Dabei lächelt sie kurz. Ausruhen können wir uns, wenn wir oben sind! Der Aufstieg dauert eine Stunde. Rein in den Wald und ins Zwielicht. Es wird immer unheimlicher. Kein Mensch, ab und zu ein aufgescheuchter Vogel. Unter dem Schnee manchmal ein fließendes Bächlein. Gefrorenes Laub reißt in dicken Stücken unter den Sohlen weg. Wir verlieren den Boden unter den Füßen. Sie fängt sich gerade noch, das war knapp. Glück gehabt. Fast wäre sie mir aus den Händen gerutscht. Unten der Flusslauf der Elbe wie im Spielzeugland.

Vor uns das große »POZOR« auf dem Grenzschild der Tschechen. Die Atmung wird schneller. Nur nichts überstürzen. Kurz in die Augen schauen. Sie ist so sehr bei der Sache. Noch mal innehalten, konzentrieren und weiter. Wie die Roten Bergsteiger gegen die Faschisten. Das war Schulstoff. Genau! Flugblätter bringen wir rüber und eine Schreibmaschine, haben wir uns eingeredet. Wir sind fast durch. Nach ein paar Metern der Grenzstein mit den drei Buchstaben. DDR. Weiter geht's. Es wird heller, der Mond kommt raus. Der Waldsaum ist schon fast Erleichterung. Der Zirkelsteinstein! Müssen wir rechts vorbei. Da unten ist Licht, da müssen wir hin. Abwärts rutschen wir ständig aus und schieben beim Bremsen Kleingeröll vor uns her. Der Weg wird breiter, eine Lichtung und plötzlich freies Feld. Wieder alles offen. Wie zum Abschuss freigegeben.

Da knattert was in einiger Entfernung. Ist nichts, sagt sie. Das müssen Güterwagen sein. Wieder Ruhe. Wir hören nur noch, was dazugehört. Der Forstweg führt ins Dorf. Nicht mehr weit. Auf einmal zwei Autoscheinwerfer. Wir sind kurz wie versteinert und ducken uns ab. Hat uns jemand gesehen und verpfiffen? So schnell vorbei? Alles? Da steigt jemand aus und läuft los. Nichts Genaues zu erkennen im Gegenlicht. Jetzt knallt eine Tür, und das Licht geht aus. Was ist das? Auf dem Autodach ein Taxischild. Kein Traum. Gar nicht schlecht. Wir gehen einfach los, das müssten zweihundert Meter sein. Wenn nicht jetzt, wann dann? Endlich wieder grader Rücken.

Wir kommen näher, aber keiner ist zu sehen. Sind jetzt schon fast am Wagen, da hören wir Geklapper aus einer Garage. Was wir hier machen?, fragt der Mann, völlig schockiert. Verlaufen, sag ich. – Ach so, ja. Am Gelobtbach kommt man durcheinander. Kein Wunder, bei dem Wetter! – Wart ihr wirklich wandern? – Können Sie uns fahren? Wir müssen nach Dresden. – Kurze

Pause. – Ich hab Feierabend. Wenn überhaupt: Königstein. Wir sitzen hinten. – Die Heizung dreh ich mal voll auf für euch. – Ich amüsier mich über seinen Dialekt. Der eigentlich auch meiner ist. Eigentlich. Unsere Hände gehen zusammen. Das Beste, was uns passieren konnte, ist diese Kutsche, in der wir sitzen und chauffiert werden. Sechzehn achtzig. Ihr habt nur noch Kronen? Ich glaub, mein Schwein pfeift! – Zehn West gehen auch? – Jetzt dreht er sich zu uns um. Kurz die Blicke gehalten und dann: Nu klar.

In der Deutschen Reichsbahn nach Dresden. Ich sauge alles rechts und links auf. Lange nicht mehr hier gewesen. Mit der Straßenbahn zum Fetscherplatz. Wir fühlen uns verdammt sicher. Hoch in die Wohnung. Susanne wusste, dass wir kommen. Aber so pünktlich! Riesenfreude. Also los, sagt sie, ran an die Schminkstifte! Und bei dir, Uwe, hilft nur die Vollmaske. Sie holt aus der Küche eine Papiertüte, zwei Augen ausgeschnitten. Ich schau mich um. Alles noch so, wie ich es in Erinnerung hatte. Aber erst mal auf den Weg machen. Im Dunkeln durch Dresden. Immer schön. Brühlsche Terrasse. Kunsthochschule. Alle wollen rein, Riesenschlange. An der Tür ein kurzes Gedrängel. Wir sind drin.

Die Gänge und die offenen Ateliers zugehängt mit bemaltem Packpapier. Unter der Decke angefangen, meterlang. Leinwände. Vorhänge. Skulpturen oder Entwürfe davon. Die Bühne im Foyer. Die offizielle. Flanieren ist angesagt. Auf der Treppe zum Aktsaal schneidet eine im schwarzen Anzug Eier und rohen Fisch an der Tischkreissäge auf. In den schwer einsehbaren Ecken Matratzen. Da wird rumgelümmelt. Und wer will, genießt da eben mehr. Nichts Neues, so war es immer hier. Die langen Flure voller Leute. Ständig kenne ich jemanden, der mir entgegenkommt. Vorbeilaufen und nicht grüßen. Ein komisches, fast unangenehmes Gefühl. Aber was soll ich machen? Einmal stehen wir rum, und Falk fragt, wer denn unter der Maske steckt? Venezianisch für Arme. Alle lachen. Jetzt werd ich zur Seite genommen. Wir gehen ins Obergeschoss und haben uns. Nicht komplett, ich bin zu aufgeregt. Wieder rein ins Getümmel. Das macht Spaß. Inkognito auf der Tanzfläche. Gute Musik, ich geb mein Bestes.

Katrin kommt auf mich zu. Bis ran an mein Ohr. Bist du das wirklich? Ich weiß doch, wie du tanzt. Kurzer Schreck und schnelle Antwort: Kann sein, aber halt die Klappe! Sie ist völlig perplex. Ich sag noch: Wir sind seit zwei Jahren kein Paar mehr. Mach bitte keinen Skandal. Dann dreh ich eine Runde durchs Haus. Ständig Gegenverkehr. Total überfüllt. In jedem Raum andere Musik. Diese Art Ausgelassenheit fehlt mir, seit ich in Westberlin bin. Da ist sie ja wieder, die Geliebte! Hab dich gesucht, sagt sie. Und sofort darauf: Wollen wir zu mir? – Klar, wohin sonst?

Wir machen uns auf den Weg. Schweigend. Kurz vor der Haustür meint sie: Das könnte immer so sein. Dass du hier bist. Im Treppenhaus müssen wir kichern. Ich zähle die Stufen lautlos. Endlich wieder in ihrem langen Flur, hinten links die Küche. Die Duschkabine steht immer noch. Nachdem wir uns hingelegt haben, wird mir klar, wie erschöpfend das Glück sein kann.

Ich werde wach. Da war was. Die Wohnungstür! Sie steht auf und schaut nach. Der Ex hat noch den Schlüssel. – Ist auf der Durchreise, hat er gesagt. Er weiß jetzt, dass du da bist. In aller Frühe wird er wieder weg sein. – Mir fallen die Augen zu. Eine Straßenbahn hält unten am Fetscherplatz. Das bekannte Klingeln, bevor sich die Türen wieder schließen. Bald ist wieder Stille.

Bilder der letzten Stunden rasen durch den Kopf. Ich kuschel mich ran. Wieder ein Geräusch. Jemand geht den Flur entlang. Die Dielung meldet sich, und die Wohnungstür fällt ins Schloss. Wir sind sofort hellwach. Der Ex ist noch mal raus. Vielleicht kommt er überhaupt nicht wieder, beruhigt sie. Endlich schlafen. Kurz vor träumen.

Es klopft. Das klingt dringlich. Sie geht raus und öffnet. Deutsche Volkspolizei. Oberwachtmeister Dietz usw. Hier soll sich der Bürger der BRD, Herr P., unerlaubt aufhalten! Durch den Türspalt seh ich Umrisse der Vopos. Und sie. Nackt. Dürfen wir mal nachschauen? Sie fängt im Zimmer gegenüber an. Licht an, lässt sich Zeit. Da ist niemand. Weiter die Türen im Uhrzeigersinn. Noch dreimal Licht an und aus. Ich zieh die Bettdecke straff und täusche ein gemachtes Bett vor. Ich darunter. Flach wie eine Flunder und die Luft angehalten. Jetzt sind sie hier. Auch keiner im Zimmer, hör ich, und weg sind die Typen.

Jetzt geht alles ganz schnell. Lautlos anziehen. Pass mit Visum geschnappt und raus hier. Sie horcht im Treppenhaus. Alles sauber. Licht bleibt aus und zum Hintereingang raus. An den Aschetonnen vorbei in die Nachbarvilla. Die Haustür offen. Im ersten Stock hat Taucher sein Atelier. Da können wir rein. – Nein, du bleibst hier sitzen, auf halber Treppe davor! Und wartest auf mich! Ich komm gleich wieder. Klar? – Ich nicke. Sitz hier schon eine gefühlte Ewigkeit. Mir ist kalt. Ich bin müde.

Da kommt sie. Wir müssen ein Auto besorgen und so schnell es geht zurück an die Grenze. Grüni hat doch den Trabi. Den holen wir uns. Wir laufen los. Die ganze Pillnitzer durch. Bei jedem Motorengeräusch bleiben wir stehen und schauen uns um. Keine Streifenwagen in Sicht. Alles Frühaufsteher, die zur Arbeit fahren. Im zweiten Block nach der Blochmann die Wohnung meiner Eltern. Auch noch dunkel. Gleich geschafft. Wir stehen vor der 4, das Auto im Parkhafen. Wachklingeln und hoch. Sie kommt mit einem Schlüsselbund zurück. Genial.

Benzinhahn auf, der Motor kommt auf Touren. Wohin eigentlich? Die Scheiben beschlagen, ich muss ständig wischen. Sie fährt. – Wir müssen bis kurz vor Zinnwald. Da läufst du über die grüne Grenze. – Wie soll das gehen? Dunkle Sachen an, Schnee liegt auf jeden Fall in dieser Höhe. Wir werden ja sehen. Die Transitstrecke nach Prag ist geräumt, aber die Kälte im Wageninneren nicht auszuhalten. Keine Handschuhe, die Finger werden steif. Weißt du, sagt die Geliebte, warum es so lange gedauert hat? Sie sind noch mal gekommen. Zu sechst. Und haben die Wohnung auf den Kopf gestellt. Der Ex hat unten vor der Haustür immer wieder behauptet, der P. ist da oben. So lange, bis sie Verstärkung geholt haben. – Sind die nicht ums Haus gelaufen und haben die Spuren gesehen? – Weiß ich nicht, ist mir auch egal jetzt. – In Kipsdorf an der Villa Marienruh vorbei. Der Heizkessel im Keller war mal mein Revier. Da ist es jetzt bestimmt ganz gemütlich.

Wir kommen in Zinnwald an. Jedes zweite Schild weist Richtung Grenzübergang. Wir nehmen den letzten großen Parkplatz davor. Motor aus und Zeit für uns. Auf der anderen Straßenseite beginnt ein freies Feld. Mitten drauf das Grenzschild der Tschechen. Vielleicht zweihundert Meter weiter ein Fachwerkhaus. Da brennt Licht. Ein Wohnhaus, sage ich, da muss ich hin, dann bin ich raus hier. Aber jetzt, wo ich weiß, wo ich hin muss, will ich einfach bleiben. – Das geht nicht, du musst! – Auf einmal ein Kommen und Gehen neben uns. Ist das der Schichtwechsel? Unsere Scheiben von innen beschlagen, aber keinen kümmert's. Es wird ruhig. Niemand mehr unterwegs, oder noch nicht. Wir halten uns fest und wollen nicht loslassen.

Ich lauf jetzt einfach los. Über die Straße in den Graben und über das verschneite Feld. Ich dreh mich einfach nicht mehr um. Habe Bilder im Kopf wie: Auf der Flucht erschossen. Aber es knallt nicht.

Die Schuhe sind völlig durchnässt, der Hosensaum auch. Ich erreiche das Haus. Lauf hinten rum und orientiere mich. Da geht ein Fußweg durchs Dorf, der endet wahrscheinlich hier. Den nehm ich. Auf einmal geht die Haustür auf, und ein Mann tritt raus und schließt ab. Eine Aktentasche unter dem Arm. Dobrý, sagt er und ich auch. Ich reihe mich hinter ihm ein und folge ihm. Bis zur Haltestelle für den Bus nach Teplitz. Da stehen schon andere Frühschichtler rum und warten. Von hier aus sieht man das Treiben am richtigen Übergang. Die ersten LKW warten auf Abfertigung. Langsam wird es hell.

Endlich wieder Wärme von unten, das ist die Heizung im Bus. Ich schlafe ein. Völlig erschöpft von den letzten zwei Tagen und Nächten. Da weckt mich ein Schlag gegen die Füße. Teplitz!, wiederholt der Fahrer, mit einem Besen in der Hand. Wir sind da. Alle anderen schon ausgestiegen. Von hier aus ist Prag auch nicht mehr weit. Nur die Rückreise mit drei Grenzen steht mir wieder bevor.

Südseetraum

Mail von der Agentin.

2017

Unterwegs nach Dresden. Wagen 23. Die Hausnummer meiner Jugend. Fensterplatz, Fahrtrichtung. Die Strecke kenne ich gut. Ich mag die Landschaft. Gerade vorbei an Elsterwerda. Auf Dienstreise. Ich soll den Vater der neuen Kommissarin spielen. Ein Bulle im Ruhestand, der seiner Tochter nichts zutraut. Das Buch hat feinstens beschriebene Splatter-Momente. Der Regisseur blutjung. Ich versuch's, hab ich zu meiner Agentin gesagt. Und einen Besuch abgestattet. Am Bahnhof Bochum Piccolos und Blumen eingetütet. Kuchen hatte sie noch. In ihrem schwarzen Benz ging es durch den Ruhrpott zur Situation Kunst. Ins Museum ihres Vaters. Hochgenuss. Aber dass ich schon wieder den Kommissar gebe, werden sie uns um die Ohren hauen. Am Ende kann mich keiner mehr sehen. Das versendet sich, sagt sie. Glaub ich zwar nicht, aber nach Dresden fahr ich trotzdem.

Kurzes Bling, Mail aus der Agentur. Betreff: Einladung ins Fernsehstudio. Aufs rote Sofa. Was über mich erzählen, soll ich. Und über den Film, der am Sonntag läuft. Kann doch nicht so schwer sein. Dein Kollege war auch schon da, der hat sich wohl gefühlt. Reise wird bezahlt, erste Klasse. Honorar gibt es auch. Manche können das richtig gut. Und ich? Das ist überhaupt nicht mein Ding.

Ziehe den Hebel am Sitz. Liegeposition. Der junge Mann gegenüber mit Kopfhörer. Genießt seine Welt mit geschlossenen Augen. Hör ich da was Klassisches? Ach ja, die Mail. Jetzt nicht. Ich mach's mir gemütlich und drifte langsam ab.

Fast am Fučikplatz. Ich muss sechzehn gewesen sein. Aus der Haustür raus und rechts die Blochmann hoch. An der Musikhochschule vorbei. Die Fenster stehen offen. Einsingen? Sie üben wieder. Aua. Einer ist von der Geige abgerutscht. Weiter, zur Kreuzung. Von der anderen Seite schallt es rüber. Der Rummel. Mikrophonverstärkt: Hier müssen Se noch mal einsteigen, bei uns fahren Sie immer wieder gern mit. Da können Sie gar nicht anders, jawoll! Geratter der Achterbahn. Jedes Fahrgeschäft mit eigener Musik, ein Mischmasch aus Lärm. Hinter dem Eingang dann der volle Pegel. Kreischen, Quieken. Übersteuert, bis hoch in die Roten. Echt was los heute.

Rechts Ringewerfen. Einer bezahlt das Dutzend, behält gleich einen in der Hand. Der Rest klappert in der linken Armbeuge. Kurzer Blick zur Seite. Schnell übers Geländer gelehnt, so nah wie möglich ran ans Objekt der Begierde. Aber die Besitzerin kennt das Spiel. Zeigt mit einem langen Stab auf das Schild: Überlehnen verboten. Dann lächelt sie kurz. Na gut, er macht sich gerade. Hat sich Wermut rausgesucht. Sein Mädel neben ihm. Gibt zweckdienliche Hinweise. Süß. Ob sie das klebrige Gesöff in der Flasche vertragen? Das sind die Erfahrungswerte meinerseits. Er wirft aus dem Handgelenk. Der Ring fliegt, dreht sich um den Flaschenhals und fällt Richtung Sockel. Der ist quadratisch. Über eine Ecke will er nicht drüber. Geht ja auch nicht, alles viel zu knapp bemessen. Mit Absicht. Der Typ versucht es immer wieder. Seine Angebetete wird aufgeregter. Klammert sich an den verzierten Stützpfeiler der Bude. Elf Ringe schon verschossen. Wie soll man da gewinnen? Dann der letzte Versuch. Diesmal zielt er nicht, wirft einfach. Der Ring macht genau, was er soll. Treffer! Die Flasche wird rübergereicht. Der flüssige Schlüpferstürmer. Sie freuen sich und ziehen weiter.

Ich mach die Runde heute über links. Am Kettenkarussell fast schon vorbei. Höre das Sausen der gespannten Ketten durch die Luft. Bleibe kurz stehen. Über mir Schuhsohlen, Beine und die Leute auf den Sitzen. Hin und wieder winkt jemand von oben. Oder zieht die Schaukel vom Nachbarn ran. Die unten haben den Kopf im Nacken und den Mund leicht offen. Über ihnen drehen sie Runde um Runde. Immer schön im Kreis.

Ein Pärchen vor mir rennt zum Liebesbarometer. Wer erfindet denn so was? Auf dem Pult zwei vorgemalte

Hände. Die Münze fällt. Sie legt die Linke, er die Rechte in die Umrisse. In einer Skala dahinter steigt Flüssigkeit nach oben. Wandert an »Glücklich« und »Naiv« vorbei Richtung »Heiratslustig«. Steigt langsamer. Sie drücken fester. Wollen es wissen. Schauen sich dabei immer wieder an. Bei »Untreu« ist Schluss. Kurz vor »Heißblütig«. Na, Prost Mahlzeit. Da stehen sie, reißen die Augen auf. Kurz verwirrt. Das kann doch nicht wahr sein! Dann kriegen sie sich nicht mehr ein vor Lachen. Schön.

Drüben die Schiffsschaukel ist genau mein Ding. Einmal, bitte. Der Gehilfe zeigt auf die Lederschlaufen: Füße rein, Hände durch, festhalten. Ja, ich bin hier nicht zum ersten Mal. Ich greif schon um die Stangen. Er lockert die Bremse. Erst mal aufschaukeln. Das dauert. Wenn ich ganz hinten bin, schnell in die Hocke gehen. Den Schwung nach unten mitnehmen. Am Kassenhäuschen vorbei, sofort gerade machen. Ich hänge mich voll rein. Kein Blick nach unten, genug zu tun. Ganz schön schwer das Eisenschwein. Vor. Zurück. Und wieder. Fast oben. Reicht noch nicht ganz. Nächster Anlauf klappt. Oben. Die Schaukel steht für einen Moment still. Sehe den ganzen Rummel kopfüber. Versuche, einen Punkt zu fixieren, und bleibe kurz in der Schlange für Zuckerwatte hängen. Sie kippt. Endlich. Nach vorne, ich mit. Ab jetzt die volle Umdrehung, zweimal, dreimal. Könnte ewig so gehen. Dann schreit einer von unten: Hör mal, du Überflieger, das reicht! Auf Kommando legt der

Handlanger den Hebel um. Der Schiffsboden schrammt über den Holzkeil. Ausgebremst. Wieder mal.

Königstrinken im Bierzelt. Den schmierigen Vorhang zur Seite gedrückt. Volle Hütte. Rauchschwaden und stickige Luft, kaum freie Klappstühle. Einer trinkt auf ex. Der kann kaum noch und rennt an mir vorbei hinters Zelt. Ich schau ihm hinterher. Da ist Überfüllung an der Pissrinne. Am Zaun zum Großen Garten. Das muss Ammoniak sein, der Geruch. Hatten wir in der Experimente-Stunde. Bei dem Trinkspiel geht's richtig zur Sache. In der Mitte die selbstgekauften halben Liter. Fünf Mitspieler, fünf Gläser. Ich geb gern mal eins übern Tresen zurück. Wenn der Humpen Sprünge hat oder wie angebissen aussieht. Da musst du von der anderen Seite saufen, sagt der am Zapfhahn. Das ist doch Frank. Kenn ich. Ist in der achten Klasse raus wegen ständigem Fehlen. Beim Fahnenappell musste er dauernd vortreten. Als Beispiel für besonders auffällig. Lust hatte der keine auf Schule, vielleicht auch keine Zeit. Ich mochte ihn. Der hat ein Gesicht wie aus 'm Kino. Als es eng wurde mit den disziplinarischen Maßnahmen, sollte einer aus der Klasse die Lernpatenschaft für ihn übernehmen. Ich hab mich sofort gemeldet. Weil ich dachte, vielleicht wird er doch noch versetzt. Ein paar Hausbesuche, und ich wusste, warum nicht. Nach dem Klingeln alle Geschwister in der Tür. Die Mutter gibt Anweisungen vom Sofa aus. Ziemlich viele Gläser auf dem Tisch. Und jetzt? Ist er Gleisbauer mit Lehrlingsgeld. Das hier mach ich nur am Wochenende, ruft er. Braungebrannt, und richtig Muskeln hat der. Die Skatkarten werden rausgekramt. Mischen, Abheben und Geben. Jeder Mitspieler bekommt der Reihe nach die oberste Karte vom Stapel präsentiert. Ziehen und aufdecken. Luschen, die Ässer und Zehnen haben keinen Wert. Die Jungs und die Damen auch nicht. Alle warten auf den ersten König. Bei dem er ankommt, trinkt an. Also einen kleinen Schluck vom halben Liter. Der zweite König steht für die Hälfte leeren und der Dritte für austrinken. Manchmal kommt es vor, dass einer ständig die Könige zieht. Eine Runde geht das vielleicht, aber nach der dritten oder vierten sind das schon mal zwei Liter in fünf Minuten. Da wird auch mal zur Seite gekotzt. Der Schotter drumherum fleckig vom Würfelhusten. Ach so, der vierte König im Spiel zahlt das ausgetrunkene Bier.

Fischsemmelstand. Der Rollmops wird ins aufgeklappte Brötchen geschoben. Drei Zwiebelringe dazu und das Viertel einer Gurke. Kurz in die Lake getunkt. Großer Bissen. Zwei Tropfen rinnen mir über die Hand. Neben mir steht einer, der hat drei Punkte zwischen Daumen und Zeigefinger. Die Ärmel hochgekrempelt, auf der Haut eine nackte Frau in hellgrüner Tinte. »La Paloma« steht darunter. Am Hals die Rose. Suchender Blick, zwischen den Füßen eine karierte Reisetasche. Drinnen vielleicht seine einzigen Klamotten. Aus dem Knast direkt auf den Rummel. Wartet auf seine Gabi oder Moni. Kann ich gut verstehen.

Am Autoscooter die Jungs aus dem Nachbarblock. Alle Fünfe. Nennen sich die Aufziehpuppen. Hier sind sie die Kings. Über ihnen die Boxen, nur die neuesten Hits. Ich bin schon oft da, aber die? Die müssen jeden Tag hier sein. Stecken die Chips in den Schlitz und treten das kleine Pedal schon voll durch, bevor der Typ am Regler den Saft überhaupt aufdreht. Los geht's. Drehen ihre Runden, entweder zusammen oder gegeneinander. Oben am Drahtnetz unter dem Zeltdach ständig Blitze. Die fahren wie die Wilden. Am liebsten mit Karacho auf den Vordermann. Und dann auf die Mädchen. Die versuchen auszuweichen, überdrehen dabei das Lenkrad. Bieten die volle Angriffsfläche, Gummi knallt an Gummi. Die Fahrzeuge heben kurz hinten ab und landen wieder auf dem Metallboden. Gejohle. Der Angestellte springt auf, eine Hand am Stromabnehmer. Mit der anderen manövriert er eine aus der Gefahrenzone. Freie Sicht in den Ausschnitt unter ihm. Da bleibt sein Blick ganz schön lang. Dann springt er mit einem Grinsen wieder ab. Läuft lässig durch die fahrenden Wagen bis zum Rand. Auch das kann er gut. Nach drei Minuten wird alles langsamer. Wie in Zeitlupe. Aussteigen.

Aus dem Gedrängel kommen die Wohlmannbrüder auf mich zu. Was machst du denn auf der Vogelwiese? Na was schon. Der eine aus meiner Klasse. Der andere schon in der Zehnten. Könnten auch Zwillinge sein. Frisur und schlaksiger Gang kaum zu unterscheiden. Im letzten Sommer fragten sie mich auf dem Heimweg von der Schule, ob ich sturmfrei habe. Klar! Bis fünf auf jeden Fall. Sie verschwanden kurz und kamen mit einem Mädchen zurück. Große Augen, Wimperntusche, Lippenstift. Gesehen hatte ich die noch nie. Die geht auf die Neunzehnte Oberschule, meinten sie. Am Hygiene-Museum. Kennste doch, oder? Ja, klar. In der Warteschlange vor Haselbauer hatten sie genügend Zeit, sie einzuwickeln. Das beste Eis der Stadt, die Waffel haben sie ihr großzügig spendiert. Bei uns zu Hause fragte ich, ob ich was anbieten kann. Die meinten: Durst hat die keinen. Sie setzte sich auf mein Bett. Auf die Nylonsteppdecke mit Blumenmuster. Aus São Paulo. Die mussten nicht lange fummeln. Die Hose war schnell ausgezogen. Ich war unsicher. Was machen die denn? Jetzt lag sie. So schnell ging das? Der Ältere hatte den Vortritt. Ich hatte noch nie und lief in die Küche. Kurzer Blick aus dem Fenster. Der Parkplatz vom Familienauto noch leer. Im Kühlschrank nichts Aufregendes. Ich wurde unruhig. Noch mal in den Flur. Neben mir das Schlüsselbrett. Hinter mir die Eingangstür. Auf dem Boden roter Spannteppich bis zur Speisekammer ganz hinten. Letztes Jahr wurde neu tapeziert und ein Bogen in den Durchgang eingebaut. Aus Sperrholz gesägt. Die übergeklebte Ornamenttapete lässt es so aussehen, als wäre er immer da gewesen. Die Vorhänge darunter offen und an den Seiten jeweils zusammengebunden. Davor links der Schuhschrank. Darüber der Wandteller aus Aleppo. Cleopatra in Kupfer getrieben, meinte Vati.

Er hat dem Handwerker dabei zugeschaut und musste lange feilschen in der Hitze. Gegenüber die Flurgarderobe. Noch leer. Ganz hinten rechts die Tür mit Riffelglas zu meinem Zimmer. Die Schatten an der Tür gegenüber erzählen alles. Fast. Einer der beiden muss jetzt aufgestanden sein und steht vor der Heizung am Fenster. Sie schrie dann kurz. Die Brüder lachten und bedankten sich beim Rausgehen. Sie hinterher. Kurz trafen sich unsere Blicke. Ihr Gesicht war verschmiert. Sie lächelte schief. Etwas verlegen.

Gegenüber die Losbude. Der Besitzer gelangweilt auf der Bühne, macht das schon ewig. Hinter ihm die Preise: Haushaltskram, Kugelschreiber, Armbänder, Bälle, Tröten, Räuchermeckis, Magnethunde, Brausepulver und mannshohe Plüschtiere. Er hat das Mikrophon fast im Mund. Läuft von rechts nach links und zieht das Kabel hinter sich her. Leiert was von Hauptgewinn. Unter sich der Verkäufer. Im Arbeitskittel. Sieht aus wie ein Invalidenrentner. Vor dem Bauch der Holzkasten mit den Losen. Wenn einer bezahlt hat, knallt er den Schieber von rechts nach links, und das Fach ist offen. Manche überlegen ewig, bevor sie zugreifen. Eine mit Sportbeutel will 'ne Handvoll nehmen. Na, na, na. Sie nimmt zwei rote, zwei gelbe und ein grünes. So, dass er mitzählen kann. Knall. Der Schieber geht wieder zu. Sie ist unschlüssig. Öffnet zuerst das mit dem grünen Ring. Niete. Lässt es fallen. Dann die beiden gelben. Auch nichts. Flattern hinterher. Sie schüttelt den Kopf. Wird hektisch, ihr Gesicht bekommt Flecken. Jetzt das vorletzte. Ein rotes. Da steht was drauf. Sie schaut nach oben und fährt noch mal mit den Augen die Preise in den Regalen ab. Zieht Luft durch die Zähne. Öffnet das letzte. Niete. Sie reicht ihr einziges Gewinnlos nach oben zum Losbudenbesitzer. Er unterbricht sich kurz und deutet in die unterste Reihe. Sie hat die Auswahl zwischen Taschenspiegel oder Kamm. Mehr war heute nicht drin. Sie läuft Richtung Irrgarten. Auf dem Schotter ein Meer aus Papierschnipseln und bunten Plastikringen.

An der Schießbude wird ein Platz frei. Ein Mädel mit kurzen Haaren rückt nach. Der Typ hinterm Tresen drückt die einzelnen Kugeln aus einer Schale ins Magazin. Klack, klack. Stellt das Luftgewehr vor ihr auf, Übergabe. Durchladen, anlegen, kurz zielen und Schuss. Alles im Takt. Ich schaue ihr über die Schulter. Sie geht auf Röhrchen. Mit dem ersten Schuss das untere Drittel weg. Kaum nachgerutscht, platzt der Rest. Verdammt sicher. Wie im Schlaf. Oder macht die vielleicht Biathlon? Räumt immer mehr ab. Am Ende eine Flasche Sekt. Sie geht. Ich versuch mich mal. Lege an, ziele. Vorbei. Das Blei knallt gegen die Rückwand und fällt runter. Die nächsten Schüsse auch nicht besser. Zwei Röhrchen gestreift. Wir hatten es nicht so mit Waffen in der Familie.

In der Schlange vor der Geisterbahn steht Andi. Mopedfahren hat er mir beigebracht. Jetzt dreht er den Kopf, reißt die Kauleiste auf. Ah. Hat wieder sein Mundspray dabei. Pumpt zwei kurze Stöße. Viola aus der Parallelklasse neben ihm. Der übernächste freie Wagen gehört ihnen. Eine abgeranzte Eisengondel mit schäbigen Kunstledersitzen. Der Bügel rastet ein, er legt den Arm um sie. Hinter ihnen das Schild mit den Benutzerregeln: Achtung! Das Aufstehen und Hinauslehnen während der Fahrt ist verboten. Polizeilich! Lese weiter, im Prinzip ist gar nichts erlaubt. Außer Mitfahren und Gruseln. Und für verlorene Gegenstände haften die auch nicht. Der Wagen ruckelt los, knallt die Schwingtür auf. Hinter ihnen pendelt sie aus. Drinnen stockdunkel. Jetzt müssten sie an der ersten Kurve sein. Kenn ich genau. Ratten nagen an Gestalten in rotem Flackerlicht. Angsteinflößende Lache aus der Konserve. Vor der nächsten Szene wieder eine Biegung. Die Schienen fast im rechten Winkel verlegt. Wagen und Inhalt werden rumgerissen. Dann das Gerippe. Mit Schüttelfrost. Grüne Glühbirnen in Augenhöhlen. Ich fand's harmlos. Nächste Attraktion: Druckluft zischt, Jackett mit Kopf dran setzt sich im Sarg auf. Die Arme baumeln. Noch mal zisch, der Torso legt sich wieder rein. Licht aus, Deckel zu. Im nächsten Kabinett Schwarzlicht. Da steht was in einem leuchtenden Kostüm, den Mund weit aufgerissen. Echt oder nicht? Schaurige Töne. Der Wagen hält voll drauf. Im letzten Moment biegt er ab, entgleist fast. Kurz vor dem Ende steht gerne einer von den Angestellten. Man weiß nicht genau, wo. Aber immer mit ausgestrecktem Arm, in der Hand ein triefend nasser Lappen. Der hat mich beim letzten Mal erwischt. Da war ich wach. Ekelhaft. Jetzt kommen Andi und Viola wieder raus. Geblendet vom Tageslicht. Und trocken, der Typ muss seinen freien Tag haben. Sie wollen gerade aussteigen, da knallt ihnen der nächste Wagen hintendrauf. Und dann noch einer. Sie können sich gerade noch halten.

Hab die Runde fast gemacht, da läuft der Blonde mit dem Stielkamm vor mir her. Mario. Der geht nicht ohne raus. Nie. Immer griffbereit in der Arschtasche. Bei Mario fällt mir unweigerlich Fußball ein. Auf dem Wäscheplatz. Ging am besten, wenn nichts auf der Leine hing. Sonst auch. Aber da wurde schon mal ein Fenster aufgerissen, und jemand brüllte raus, wenn die Pille nicht flach unter den feuchten Laken gepasst wurde. Die hatten ja sonst den Abdruck vom Ball auf dem Frischgewaschenen. Außerdem mussten wir dann zwischen den runterhängenden Handtüchern durch. Da war immer für einen Moment die Sicht versperrt, wenn du durchgewischt bist. Aufgehängte Kindersachen und Socken waren perfekt. Die Eisenrohre für die Wäscheleinen wurden penibel in Schuss gehalten. In jedem Frühjahr frisch lackiert. Zwei Meter hoch, drauf die Querstange. Fünf Tore waren das auf einer Linie. Fünf Meter weiter die nächste. Fünf Reihen hintereinander. Dazwischen wurden die Leinen gespannt, für jede Familie eine eigene. Manchmal baumelte eine aufgerollte und der Klammerbeutel an einem der angeschweißten Haken. Ich stand gern im Tor. In dem in der Mitte. Den Abschlag hab ich zur gedachten Mittellinie gelupft. Da steht mein Stürmer. Der zieht dann schon mal richtig ab aufs Gegnerische. Hin und wieder wird der Ball unkontrolliert abgefälscht und landet mit voller Wucht durch die Scheibe in der Werkstatt vom Schuster. Der kommt dann rausgerannt und schreit wie am Spieß: Wer war das? So eine dumme Frage. Natürlich keiner von uns. Kurze Spielunterbrechung, kleine Halbzeit, bis er wieder verschwunden ist. Bei ihm drin müssten meine Schuhe doch bald mal besohlt sein. Das dauert mit den Reparaturen. Solche Kleinigkeiten wie Riemchen gerissen oder Absatz runter dauern Wochen. Neuer Ball. Das Spiel geht weiter. Einmal drehte sich Mario gekonnt vom Gegenspieler weg. Hatte ihn sauber ausgespielt und setzte zum Dribbling an. Eine Reihe noch, das Tor frei. Sein Blick konzentriert auf den Ball. Und dann ein unschönes Geräusch. Er hatte in vollem Lauf eine Stange übersehen. Der Ball sprang ab und er dagegen. Mittig. Wir dachten, der markiert. Gingen ran an den zusammengesackten Freund. Platzwunde am Kopf, so viel Blut. Aber am schlimmsten mussten die Schmerzen in der Hose gewesen sein. Da mussten wir dann bei Küchlers klingeln. Die hatten Telefon, um Hilfe zu rufen. Die Schnelle Medizinische kam mit Blaulicht vorgefahren. Den mussten sie mitnehmen. Das war kein Spaß mehr. Dann saßen wir schweigend auf der Stammbank auf dem Spielplatz. Auf der Lehne und an den Kameraden gedacht. Davor der Sandkasten für die Kleinen. Mit Betonfliesen umrandet, sah aus wie ein Schwimmbecken. Eine vergessene Sandform in Gelb lag da. Daneben der letzte von vielen Rührkuchen in einer Reihe.

Hinten der Südseetraum. Pflichtprogramm. In der Hemdtasche die geklaute Zigarette von Mutti. Duett, die Lange. Mist! In der Mitte gebrochen. Ich muss den Riss mit Daumen und Zeigefinger zuhalten. Zieht halbwegs und dann: sehen und gesehen werden. In den Gondeln sitzen sie alleine. Oder zu zweit. Auf der Drehscheibe fährt Herrli mit, freihändig. Zum Abkassieren. Den kenn ich noch aus der Schule. Der war bei den Großen. Die ersten zwei Runden, dann muss er runter. Kennt die Stelle für den Absprung mit verbundenen Augen. Landet direkt vor dem Kassenhäuschen. Reicht die Münzen durch die Luke. Die Frau drinnen baut daraus kleine Türmchen. Beugt sich zum Mikrophon und haucht den Titel des nächsten Songs aus der Hitparade rein: Donna Summer, »I feel love«. Die lange Version. Könnte ich in Schleife hören. Ziehe wieder an der Kippe. Über den Riss bin ich drüber. Heiß geraucht. Dann fliegt der Rest weg, und ich schiebe mich durch nach oben. Zum Diskotreff. Unter der Kuppel die verspiegelte Kugel. Auf der Rückwand leicht bekleidete Mädchen am Palmenstrand: So stellt sich der Maler also Tahiti vor. Soll exotisch sein. Muss an die Wellen am Strand von Guarujá, Brasilien, denken. Das Brett seit sechs Jahren im Keller. Thomas aus meiner Klasse gibt mir Zeichen, Sonja aus der Tanzschule Graf ist da. Klar hab ich die gesehen. Nicht mein Typ. Es wird jetzt voller. Einfach nur rumstehen oder mal 'ne Runde drehen. Optimaler Zeitvertreib mit Musik. Der Laden kommt auf Touren, Schnellgang. Unter den Schuhsohlen vibriert die Mechanik. Alles dreht sich. Die Scheibe und die Gondeln darauf noch mal um sich selbst. Bleib bei Nummer drei hängen, die grüne Gondel. Sie hat die Arme ausgebreitet, genießt die Fahrt. Alleine. Nächste Runde. Ich nehme die Gondel neben ihr. Schiebe mich im richtigen Moment in eine der Ecken. So dreht sich das Sofa am schnellsten. Dazwischen immer der kleine Moment der Schwerelosigkeit, wenn es über die Kuppe geht. Wie im Rausch. Manchmal treffen sich unsere Blicke. Sie lacht. Vielleicht sehe ich sie am Wochenende wieder? Der Südseetraum verliert an Fahrt. Hält. Wir steigen aus, Augenzwinkern. Mir ist leicht schwindelig. Reicht für heute. Dann sehe ich das Schild. Mitreisende gesucht.

Auf einmal lautes Knistern aus dem Zuglautsprecher. Was ist das? Und dann die Durchsage: In wenigen Minuten erreichen wir Dresden-Neustadt. Bin hellwach. Mein Gegenüber meint: Sie haben gesummt im Schlaf. Kann ja sein, aber was mach ich jetzt mit dem roten Sofa? Maile meiner Agentin. Die Einladung absagen. Bitte.

Läufer

Berlin 2002.

Karl-Marx-Stadt 1981

Die wollten diese Behörde schließen. War ja klar. Ich hab mal einen Antrag gestellt, bevor die wirklich dichtmachen. Schon nicht mehr dran gedacht, da keucht die Postfrau die Stufen hoch. Nicht mehr lange, dann geh ich in Frührente!, hör ich auf halber Treppe. Vor mir zieht sie ein amtliches Kuvert aus der Umhängetasche, Stempel von der Birthler-Behörde. Ein Kuli wird mir unter die Nase gehalten. Hier! Einfach unterschreiben. Alles Gute. Die Wohnungstür wieder zu.

Noch im Flur lese ich. Die hätten da was gefunden. In der anderen Bezirksdirektion. Unter meiner letzten Meldeadresse in Dresden. Einsicht nehmen könnte ich übernächsten Dienstag. Otto-Braun-Straße, Berlin-Mitte. Aber keine Vorstellung von dem, was da drin stehen soll.

Freitag davor klingelt das Telefon. Den Termin wollen sie verschieben. Warum denn? Kein Publikumsverkehr an diesem Tag. Ob ich auch Mittwoch oder die Woche drauf kann? Nein, das wird nix, da bin ich auf

Gastspiel. Aber dann sind Sie der Einzige. – Na und? – Macht nichts. – Na gut, bis Dienstag.

Ich steh auf unserem Balkon am Märkischen Ufer. Es ist das einzige Wohnhaus in einer Sackgasse. Von hier aus die Spree zum Greifen nah. Reinspringen könnte man nicht, aber Angeln würde gehen. Beim Auswerfen müsste ich aber alles geben. Unten am Uferweg die Anlegestelle Inselstraße. Ein paar Meter weiter ein Stück Eisenzaun zum Öffnen. Darüber ein Schild: Historischer Hafen. Über einen Steg mit Geländer geht's aufs erste Schiff. Dahinter vertäut die anderen. Der Theaterkahn, manchmal Applaus bis hoch in die Wohnung. Ein Schleppdampfer als Museum. Tagsüber immer ein Experte da, der Auskunft gibt. Eine Zille, in der sie früher die Kohle durch die Gegend schipperten, und edel aufpolierte Ausflugskähne. Alle mit Namen. Die »Adonis«. So ein schöner Name für einen angerosteten Frachtkahn. Der wäre vielleicht gern die »Heinrich Zille« geworden. Das schönste Schiff von allen hier. Letztes Jahr meinen Vierzigsten bei Inge im Deckshaus gefeiert. Ein ausrangierter Heckradschlepper liebevoll restauriert. Unten in der Messe hatten wir genügend Platz. Die ganze Familie da. Champagner, Wein und kalte Platten. Leichtes, fast unmerkliches Schaukeln die ganze Zeit. Früh um vier fragt mich einer, ob wir schon wieder im Hafen sind. Ich zeige ihm durchs Bullauge die Poller am Kai und die Stahltrossen, mit denen das Schiff vertäut ist.

Zur Haustür raus. Rundum nur Büros. Auf der anderen Spreeseite basteln sie an der neuen Botschaft der Holländer. Dahinter zwei Türme. Der dicke in der Klosterstraße und der lange am Alex. Oben drin in der silbernen Kugel sitzen sie und drehen sich. Auch im neuen Jahrtausend. Bei Kaffee, Kuchen und Panoramablick. Zuerst am Ufer der Fischerinsel unter üppigen Trauerweiden lang. Dann hoch auf die Brücke über den Mühlendamm. Ach, weiße Flotte mit vollem Oberdeck in der Schleuse. Der Dampfer hebt sich langsam. Will ihn noch rausfahren sehen.

Ich nehme mir Zeit. Denke an die Aufregung letztes Jahr. Am Ende der Theaterspielzeit kam der neue Intendant. Zum Antrittsbesuch. Vertragsgespräche. Na dann mal schauen. Der Pförtner wie immer: Tach.

Schräg über den Hof runter in die Kantine. Alle versammelt, die Luft zum Schneiden. Am Stammtisch diskutiert die Technik. Wie immer. Die anderen starrten rauchend und schweigend vor sich hin. Einer kippte sich Cognac in den Kaffee und nahm einen Schluck. Der darf nicht entlassen werden. Über fünfzehn Jahre im Dienst, Hauptrollen en gros. Ein anderer machte den Disponenten und rief den Nächsten nach oben. Fünf Mitarbeiter pro Stunde. Der neue Intendant wollte über seine Zukunft an unserem Haus sprechen. Einer nach dem anderen kam zurück. Fast jeder fassungslos. Jetzt war der vor mir dran, ich musste hoch. Doppelte Schwingtür ins Foyer. Oberlichter, Galerie, Marmorsäulen, riesige Spiegel, Samtsofas auf Parkett. Dann kam aus der

Blindtür im Holzsockel der Kollege raus. So hatte ich ihn noch nie gesehen, auch in seiner tragischsten Rolle nicht. Er schüttelte nur den Kopf. Ich rein, da saß er. An einem viel zu kleinen Schreibtisch. Der stand doch neulich noch in der Requisite. Glaubt er, daran wirklich größer zu wirken? Ich musste abaschen. Bei mir raucht nur Tabori, meinte der Neue. Also ich zur Balkontür, raus in die Sonne. Er hinter mir her. – Ich hab Sie in Salzburg als Legendre gesehen. Auf der Brüstung im ersten Rang herumturnen. Hat mir gefallen. – Später kam raus, er hat 21 in die Wüste geschickt. Von 27. Einfach so. Theatergesetz. Widerspruch sinnlos.

Jetzt fährt das Schiff Richtung Innenstadt weiter. Dann die Leute wie immer: Obwohl da genug Platz unter der Brücke ist, ziehen alle die Köpfe ein. Bin gespannt, was da gleich in der Behörde auf mich zukommt. Es gab doch viel wichtigere Leute als mich. Wer soll denn was über mich erzählt haben? Vielleicht doch Vati? Kann nicht sein. Auf keinen Fall.

Haus des Lehrers. Die Kuppel der Kongresshalle davor erinnert mich an Brasília. Gegenüber das Haus des Reisens. An der Dachkante klebt immer noch die erste West-Reklame in Ostberlin SHARP. Oder war es die Coca-Cola in der Leipziger? An der U-Bahn Spittelmarkt? Noch zweimal über die Straße, gleich da.

Pförtnerloge vom Feinsten. Die Luke in der Scheibe wird geöffnet: Wo wollnse hin? Ich beuge mich vor. Spreche durch das ovale Sieb: Zimmer 910. Der Pförtner schaut in seiner Liste. – Sind Sie überhaupt angemeldet? – Ja. – Heute? – Ja! – Moment, ich rufe durch.

Nach ein paar Minuten geht der Fahrstuhl auf. Eine Mitarbeiterin kommt auf mich zu: Guten Tag, Herr Preuss. Kommse bitte? Mit Namen. Erstaunlich. Ist ja wie bei den Genossen hier. Kommse kommse, gehnse gehnse, haben die immer gesagt. Nur ohne das »Bitte«. Im Fahrstuhl drückt sie die 9 und fängt sofort an: Wenn Sie gleich Ihre Akte einsehen werden. Bestimmte Zeilen sind geschwärzt. Einige Seiten sind gelb abgedeckt. Die haben nichts mit Ihnen zu tun. Wenn Sie trotzdem schauen, müssen wir das hier beenden. Bei Fragen wenden Sie sich einfach an mich. Ich habe hier schon Leute zusammenbrechen sehen. Da haben aus der eigenen Familie … rechnen Sie einfach mit dem Schlimmsten. Sie haben übrigens Glück, dass ich Ihnen nicht mehr absagen konnte.

Im Flur außer uns beiden keine Menschenseele. Der Boden gewienert. Neonröhren spiegeln sich auf Linoleum. Könnte glatt sein. Nach ein paar Schritten führt sie mich rechts rein. Tischordnung wie im Klassenzimmer: drei Reihen, zwei Gänge, für den Lehrer eine Art Podest, dahinter die Tafel. Wo ich sitzen will? Na, letzte Reihe Fenster. Wie früher in der Schule. Wie damals auch hier die Tischplatte aus Sprelacart, nur ohne die Schnitzereien.

Die Frau kommt auf mich zu, vor sich den Wagen. Ein Stapel Schnellhefter aus Pappe. Auf dem oberen ein Aktenzeichen und in Anführungszeichen: Läufer. Dann setzt sie sich ans Pult, schaut abwechselnd zu mir und aus dem Fenster. Ich fang mal an. Inhaltsverzeichnis. Abschlussbericht der Überwachung. Unterschrieben von einem Oberst. Ich überfliege. Hier! Lagefilm. Abteilung 26. Pillnitzer Str. 23. 8:00 Uhr Ruhe im Objekt. 8:31 Uhr Hantieren in der Küche zu vernehmen. 09:06 Uhr Herr P. duscht. 9:32 Uhr männliche Person singt und pfeift vor sich hin. Dann ein Blatt mit gelber Seite. Die Frau ist jetzt schon ziemlich unruhig da vorne. Was hat sie denn? Rutscht immer so auf ihrem Stuhl hin und her. Hummeln im Arsch? Was decken die denn hier ab? Mit Büroklammern kenne ich mich aus, weiß genau, wie man die am Seitenrand verschiebt ohne Einriss. Aber sie hat recht. Mit mir hat das nichts zu tun. Es geht um die Verwandten von den Kusches. Nachbareingang, Erdgeschoss rechts, in der 25. Ostern kamen die Verwandten jedes Mal mit neuem Auto. Kann mich gut erinnern. Alle die Köpfe aus dem Fenster, ach, die wieder. Hübsche Tochter dabei. Unser Spitzel war derselbe. Der Genosse mit dem Hausbuch. Vati hat manchmal die Augen verdreht, wenn er an ihm vorbeiging.

Die Fakten scheinen im Großen und Ganzen zu stimmen. Auf unserem Ausflug nach Meißen waren sie dabei. Hinter mir hergelaufen sind sie auch tagelang. Das haben sie gut gemacht. In meinem Zimmer meine Stimme gehört. Aber wie die das aufschreiben, ist ja furchtbar. Mit Schreibmaschine oder handschriftlich. Viel Blaupapier und Thermopause. Stempel. Unterschriften. Dienstgrade. Abteilungen. Totaler Bürokratiescheiß. Liebe machen mit Katrin und wie oft. Wer zu Besuch kommt. Aus welchem Auto wer aussteigt. Unterhaltungen über Schlangenzucht und Theaterbesuche. Der Rest vom Tag muss langweilig gewesen sein für den Abschreiber. Immer das Gehörte in die Tasten tippen. Zurückspulen. Noch mal hören. Sogar die Ruhe im Objekt halten sie für wichtig.

Schönes Tagebuch. Fast fünfhundert Seiten, ist mir heute zu viel. Die da vorne weiß langsam nicht mehr, wie sie sitzen soll. Frage, kann ich das eigentlich mitnehmen? – Nein. Was möchten Sie denn kopiert haben? – Alles. – Sie ist erleichtert, legt die Akte auf den Wagen. Kleinen Moment noch, füllen Sie das aus. Danke. Ich bring Sie wieder runter.

Im Fahrstuhl riecht es nach Fleisch auf Holzkohle. Unten links die Tür zum Innenhof offen. Sie deutet Richtung Grill. Vielleicht möchten Sie noch? – Gerne. Gibt's was zu feiern? – Na, Mitarbeiterfest. – Aha. Deshalb also ihre Unruhe. Girlanden, Sonnenschirme, Lachen. Bier vom Fass in der einen, Bratwurst in der anderen Hand. Nicht nur einer sieht aus, als wäre er immer noch Gehaltsempfänger der Stasi. Hier brauchen sie euch. Ihr kennt euch bestens aus mit den Vorgängen. Ein anderer fragt, sind Sie neu bei uns? – Nein. – Wir kommen ins Gespräch. Ich verweise auf Abteilung 26. Verwanzte Wohnung. – Geschlechtsverkehr dokumentiert? Sind

Sie sicher? – Ja, mit genauer Uhrzeit. Also Anfang und Ende. – Um mich herum wird's lustig. Wie auf einem Betriebsvergnügen in der DDR. Fühlt sich gut an für einen Moment. Dann wird mir klar, wo ich bin. Muss weiter. Raus. Draußen verdammt hell. Sonnenbrille raus.

Neben der Behörde ein Schaufenster mit Jägerbedarf. In so einem Laden war ich noch nie. Drinnen alles Loden und Filz, steif, grün und braun. Gehe durch einen Wald aus Stiefeln, Hosen, Mänteln, Hüten, Handschuhen. Ein Torso mit Schutzweste. Unter Glas in Schubfächern Waffen und Munition. An der Wand dahinter die großen Kaliber. Sieht aus wie der Fundus von einem Heimatfilm. Hier hab ich echt nichts zu suchen. Ich lauf mal los.

Dass ich damals nicht gemerkt habe, wie sie hinter mir hergelaufen sind. Nah genug waren sie dran, die Spezialisten. Häufiges Stehenbleiben und starkes Interesse an der näheren Umgebung haben sie festgestellt und protokolliert. Bis ins Musikhaus Melodie immer schön hinter mir her. Einmal nach der Straßenbahn gerannt. Das haben sie dann so berichtet: 21:00 Uhr. In Höhe der Schwimmhalle Steinstraße rannte er zur Haltestelle Terrassenufer und bestieg die ankommende Linie 7. Dabei geriet Preuss, Uwe außer Kontrolle. Das Rennen zur Straßenbahnhaltestelle muss nicht ausschließlich der Straßenbahn gegolten haben. Unterschrieben vom Abteilungsleiter Oberst Glöckner.

Kurz vor der Brücke rechts Brachland. Zweimal im

Jahr ist hier Rummel, sonst Parkplatz. Ecke Holzmarkt, der Pfauenbrunnen. Dahinter vietnamesische Zigarettenhändler. Ich bleibe stehen. Schmuggelware, sehr beliebt und preiswert. Rein in die Kaufhalle, wir brauchen noch Windeln. Bald in zwei Größen. Freue mich schon. Von der Jannowitzbrücke aus kann ich die Schleuse von hinten sehen. Die Tore öffnen sich gerade. Ein Schiff fährt ein.

Hab in den Papieren gelesen, dass die Typen noch mal in unsere Wohnung mussten. Einen Defekt mussten sie beheben. Kann ich mir genau vorstellen. Auf einmal hat das Tonband nichts mehr aufgezeichnet. Stille auf der Spule. Die hätten doch froh sein müssen. Aber nein, da wurde gleich jemand beauftragt. Könnse das mal prüfen? Den Nachschlüssel hatte der Genosse mit dem Hausbuch. Wann ist denn der P. nicht da? Kein Problem, sagte der Nachbar, hier ist das Protokoll der letzten vier Wochen. Dann sind sie rein in mein Zimmer. Einer steht Schmiere. Endlich, jetzt wussten sie alles. Es ist die defekte Membran der Sauerstoffpumpe. Das Geräusch, das sie nie orten konnten. Im Aquarium Black Mollies, Neons und Miniwelse. Die Steckdose dahinter, schwer ranzukommen. Der eine nahm den Phasenprüfer, mit Gefühl die Schräubchen gelockert, die Innereien freigelegt. Lötstelle am Widerstand gebrochen. Neben dem gelb-grünen Schutzleiter. Der P. hat den Schukostecker zu fest reingedrückt und so das Mikrophon zerstört. Gern geschehen, Genossen.

Gleich zu Hause. Nur noch am Märkischen Museum vorbei. Ritter Roland mit erhobenem Schwert. Ein Stück weiter das Zille-Denkmal mit dem Jungen, der ihm beim Lesen über die Schulter schaut. Bin gerne im Köllnischen Park. Kleiner Spielplatz, Bärengehege mit Tilo, Maxi und Schnute. Die Chinesen aus der Botschaft machen Tai Chi auf der Wiese, in Formation. Wie damals an der Kunsthochschule mit Fang Yu. Schlüssel raus, gehe rein durchs Hinterhaus, die Treppe hoch. Auf dem Sofa meine Tochter und ihre schwangere Mama. Beide nackt, schlafend. Stehe da, schaue nur. Was für ein Moment.

Eine Sache hab ich vergeblich gesucht in den Akten. Mal Ingo besuchen stand auf dem Plan. Kurzer Ausflug bis Karl-Marx-Stadt. Muss 81 gewesen sein. Die Reichsbahn bringt mich. Keine Zeit für Anstehen am Schalter. Also ohne Fahrschein. Das Katz-und-Maus-Spiel mit dem Schaffner war längst auf anderen Strecken einstudiert. Kurz schauen, wo er einsteigt. Wenn hinten, vor dem letzten Wagen, gepfiffen und Signal gegeben wird, dann nehm ich eins von den Abteilen hinter der Lok. Oder umgekehrt. Das dauert, bis der durch ist. Hin und wieder ist er auf einmal in Sichtweite. Dann gibt's nur noch hoffen. Ein Waggon noch, dann der nächste Bahnhof. Die Tür auf der Gleisseite entriegeln. Über den Schotter den Schaffner überlaufen und hinter ihm wieder rein. Unauffällig. Hat fast immer geklappt. Manchmal auch im Zug an den Abteilen vorbei, und wenn er vor dir steht, kurz so tun, als wärst du gerade vom Klo gekommen, die Hände schütteln noch Restwasser vom Händewaschen ab. Da macht er Platz. Zugfahren mit Spaß.

In Freiberg stehen wir damals ungewöhnlich lange. Das ist die Hälfte der Strecke. Uniform und Stiefel kommen durch. Transportpolizei. Glotzen in alle Abteile. Auch in die mit zugezogenem Vorhang. Suchen die was? Klar. Langhaarige mit üblichem Beiwerk. Der Zug ruckt wieder an. Der Bahnsteig fährt vorbei. Einen kleinen Fisch haben sie rausgeholt. Der ist höchstens sechzehn, Nickelbrille, Tornister und Gitarre dabei. Ich freue mich auf Ingo. In São Paulo haben wir im gleichen Klassenraum gelernt und Blödsinn gemacht. Die Kiste für die Schildkröte so zusammengenagelt, dass einer der Nägel in meinem Oberschenkel stecken geblieben ist. Lange nicht gesehen. Das wird bestimmt schön.

Beim Aussteigen in Karl-Marx-Stadt stehen Zivile mit Dienstausweis vor mir. Einer macht den Vorgesetzten: Kommse mit. Wohin denn? Sie laufen jetzt einfach nur geradeaus. Vor dem Bahnhof der Lada. Einsteigen! Einer greift mir in den Nacken, der andere drückt mich runter. Glauben die, ich kann noch nicht mal selbständig in ein Auto einsteigen?

Volkspolizeikreisamt. Endstation. Auf einem endlosen Flur bin ich nicht der Einzige. Personalien werden aufgenommen. Was wollen Sie heute in der Stadt? – Meinen Freund besuchen. – Name? – Seiler. Gibt's hier nicht. Was wollen Sie wirklich? Die öffentliche Ordnung stören? – Ich sagte doch bereits … – Hier reden Sie nur, wenn Sie gefragt werden! Ist das klar? Raus! Der Nächste!

Nach ewigem Warten haben sie es plötzlich eilig. Es wird rumgeschrien. Raus auf den Hof, der Laster ist da. Alle um mich rum steigen auf. Ich mit. Einen Fuß auf den rausgeklappten Tritt in der heruntergelassenen Heckklappe. Festhalten am eingesteckten Geländer und mit Schwung auf die Ladefläche. Zwei Sitzbänke längs. Ich bin einer der Letzten. Zum Schluss zwei Uniformierte mit Schäferhunden. Die sichern und lassen die Plane runter. Auf einmal wird's dunkel. Keiner sagt mehr was.

Wir fahren durch die Stadt. Der Straßenbelag und die Straßenbahnschienen sorgen für Bewegung. Es rumpelt mächtig. In den Kurven vergisst der Fahrer seine Ladung. Die Plane flattert im Fahrtwind. Die beiden unteren Ösen werden jetzt verschlossen, die darüberliegenden auch. Wenn ich mit dem Rücken den Stoff hinter mir leicht auf Spannung halte, öffnet sich ein kleiner Schlitz mit Ausblick. Hinter den Köpfen der Soldaten. Unteroffiziersanwärter. Absolut verpönt im Frcundcskreis. Draußen wird es ruhiger. Müsste die Stadtgrenze sein. Wohin geht die Reise? Im Knast war ich noch nie.

Hinten fängt einer an zu singen. Die Schnauze soll er halten, schreit der ältere von den Bewaffneten. Er muss seinen Hund zurückhalten. Gut, dass der Maulkorb trägt, denk ich. Du kannst mir gar nichts, kommt's zurück. Mein Vater sitzt in Bautzen. Ich weiß, was ihr alles anstellt. Dann ist er wieder ruhig. Nach einer gefühlten Stunde erwischt mein Blick das Ortseingangsschild von Mittweida. Kleinstadt, noch nie da gewesen. Der Laster rangiert und kommt zum Stehen, die Plane wird hochgeschlagen.

Wir werden schon erwartet. Ist das ein Schulhof? Klar, das Gebäude kenn ich. Der gleiche Bautyp wie überall im Land. Absitzen!, brüllt einer vom Empfangskomitee. Die Hinteren zuerst, der Sänger ist gleich dran. Beim Sprung auf den Boden grätscht ihm einer noch in der Luft zwischen die Beine. Er kommt mit dem Gesicht zuerst auf. Und schreit. Die Uniformierten grinsen und greifen einen Eimer. Die volle Ladung Wasser ergießt sich über seinen Kopf. Er japst nach Luft und soll sich gefälligst beeilen beim Spurt in die Empfangshalle. Der Rest im Laufschritt hinterher.

Hinter der Eingangstür die Einweiser. Wir werden sofort aufgeteilt, immer abwechselnd einer links hoch und der andere rechts. Ein langer Flur mit Türen zu den Klassenräumen. Dazwischen eine Wandzeitung über den letzten Republikgeburtstag auf der einen Seite und Garderobenhaken an der anderen. Da hat ein Viertklässler seine Jacke vergessen und bestimmt Ärger zu Hause. Wieso kommen mir gerade jetzt solche Gedanken? Stehen bleiben! Gesicht zur Wand und halben Meter weg! Hände auf den Rücken! Füße auseinander und mit der Stirn angelehnt. Na los! Wird's bald?

So stand ich noch nie. Das drückt ganz schön in der oberen Kopfhälfte. Ich such mir einen Punkt auf der Wand. Meine Pupillen haben zu tun beim Schärfe-Einstellen. Müsste ein Sandkorn sein. Aus den Augenwinkeln die Umgebung wahrnehmen. Der Ausschnitt ist nicht besonders groß. Neben mir versucht einer, sich mit den Handflächen an der Wand zu entlasten. Da knallt ihm gleich ein Gummiknüppel zwischen die Beine. Aua. Ich frage mich, ob Schwerverbrecher genauso behandelt werden. Was kommt denn noch? Jetzt tasten sie jeden einzeln ab und sammeln den Tascheninhalt ein. Kommandos sind zu hören. Einer macht Meldung: Effekten gesichert. Abtreten! Einer muss pinkeln, darf er auch. In Begleitung. Dann wird zugewiesen: zwei Mann pro Raum. Ich lande in der 3c. Die Stühle sind viel zu klein. Und die Schulbänke zu niedrig für Erwachsene. Die Wandtafel nicht abgewischt. Da steht: Frau Lorenz ist krank. Vertretung Herr Dornau. Daneben in einem Rahmen der Generalsekretär Honecker. Ich schaue meinen Nachbarn an. Er ist genauso fassungslos.

Einer stellt sich in den Türrahmen und gibt die Regeln bekannt: Keine Unterhaltung. Kein Schlaf. Bleiben Sie sitzen. Verstanden? Jetzt wird er leise: Meine Frau ist hochschwanger. Das Baby müsste jeden Augenblick kommen. Macht mir's nicht so schwer. Wieder im Befehlston: Frühstück morgen früh sechs Uhr! Er verschwindet im Flur. Die Tür bleibt offen. Der in der nächsten Reihe zischelt »Leipzig« in meine Richtung und »Frank«. Ich flüster »Dresden«. Auf einmal Hundegebell. Ich muss mich leicht erheben, um aus dem Fenster zu schauen, und seh das Gebäude mit Wachleuten umstellt. Jeder mit Hund neben sich. Das Tier an einer langen Kette. Rundrum Neubaublöcke. Denken die, hier türmt einer so schnell? Ab und zu höre ich Schritte, die näher kommen. Bevor man sehen kann, wer es ist, geht die Tür für einen Moment zu und gleich wieder auf. Langsam wird es dunkel. Es ist Sonnabendabend. Ich überlege. Sind Ferien? Nein. Also müssten die Pioniere Montag früh wieder hier sitzen und lernen.

In der Tür unser Bewacher. Mit ausgestrecktem Arm ruft er: Mitkommen! Wer? Dann wird er genauer und wackelt mit dem Zeigefinger: Du! Er meint meinen Nachbarn. Der kommt nach einer Ewigkeit zurück und sagt nichts mehr. So langsam kann ich nicht mehr sitzen. Die Füße schlafen ein. Dann das gleiche Spiel, ich bin dran. Auf dem Weg durch die Flure ins nächste Stockwerk versuche ich, mir einen Reim zu machen. Ich komme zu keiner Erkenntnis. Stehen bleiben! Gesicht zur Wand! Halblinks in Augenhöhe ein Schild: Sekretariat. Auf ein Klopfen folgt »Herein«. Er liefert mich ab. Diese Räume sind mir vertraut aus der eigenen Schulzeit. Die Einrichtungsgegenstände offenbar immer an der gleichen Stelle. Gegenüber an der Wand der Wochenplaner mit eingesteckten Namenskärtchen in verschiedenen Farben. Immergrüne Pflanzen in Hydrotöpfen auf dem Fensterbrett. In der Ecke ein leerer Stuhl. Setzen! Hände unter die Oberschenkel! Was soll das denn? Der Typ am Schreibtisch legt einige A4-Blätter übereinander. Dazwischen immer eine Lage Blaupapier. Beim Einspannen in die Schreibmaschine zerknittern sie etwas. Er flucht. Dann geht's los. Name? Adresse? Geboren? Was wollten Sie heute in Karl-Marx-Stadt? – Einen Freund besuchen. – Ach, hören Sie doch auf. Wir wissen doch alles. – Was alles? – Dass Sie die Feierlichkeiten mit Ihrem provokanten Verhalten stören wollten. Aber das haben wir ja nun verhindert, strahlt er. – Was für Feierlichk… – Das Treffen der Jugendverbände der Sowjetunion und der DDR. – Davon wusste ich gar nichts. – Hören Sie doch auf zu lügen, Herr Preuss! Das hat doch alles keinen Sinn! Immer wieder von vorn. So vergeht hier die Zeit. Die Müdigkeit überfällt mich. Der Hunger und der Durst auch. Das sage ich ihm freundlich. Dann kommt ein Käsebrot und Früchtetee. Während ich versuche, den ersten Bissen zu nehmen, schreit er mich an. Die Hände unter die Oberschenkel! So ein Sadist, denk ich. Also eine Mahlzeit vor der Nase, und alles wieder von vorn. Das geht ewig. Ich unterschreibe nichts. Das ist mein einziger Stolz. Sie werden schon sehen, sagt er noch bei der Abholung.

Zurück im Klassenzimmer. Es dürfte weit nach Mitternacht sein. Die Augen fallen mir zu, und im Sitzen fällt der Kopf zur Seite. Alle Viertelstunde kommt der angehende Vater rein und knipst kurz das Licht an. Neon.

Was für eine Tortur. Irgendwann am Morgen geht es in den Keller. Essen fassen. Da, wo sonst die Schüler runterrennen und die Schulspeisung aus der Luke kommt, stehen Plasteteller mit einem Brötchen. Zwei Rädchen Leberwurst im Darm. Eine Ecke Butter klebt am Tellerrand. Daneben Kaffee in einem Becher und zwei Stück Würfelzucker.

Wenn Sie fertig sind, halten Sie sich bereit zum Verhör!

Das, was jetzt kommt, haut mich um. Sie melden sich heute Abend im Volkspolizeikreisamt Dresden zum Haftantritt. Schießgasse. Wie bitte? Ich hatte schon einiges von der U-Haft gehört. Da gab's richtig aufs Maul von den Wärtern. Das ist das Ende. Scheiße. – Sie können wegtreten und befolgen die Anweisungen der Genossen! – Die bestanden darin, das Reinigen des Schulgebäudes zu organisieren. Aber so, dass keiner mit anderen Kontakt aufnehmen konnte. Ich wurde ganz oben eingeteilt. Alles muss glänzen, sagt einer. Wegen den kleinen sozialistischen Persönlichkeiten, schiebt er nach. Die Bürste am Schrubber bricht vom Stiel. Die Reparatur hätte ich nicht anmelden müssen. Den Rest der Zeit auf allen vieren. Wischen und auswringen. Wieder Kommandos: Die Berliner und Dresdner abmarschbereit machen! Persönliche Gegenstände entgegennehmen! Ein Reisebus steht auf dem Hof. Der Ausgang erscheint mir jetzt pompös. Zu meiner Zeit gab es von der obersten Stufe aus jeden Morgen die Begrüßung durch

Direktor Müller. In der Neunzehnten, hinterm Hygiene-Museum. Keine drei Jahre her.

Einzeln einsteigen. Wir sind vielleicht zehn. Zwischen jedem eine Reihe frei. Handschellen werden auf- und zugeschlossen. Das Handgelenk klebt an der Armstütze. Einfach aus dem Fenster schauen. Noch mal den Ausblick genießen. An der Ausfahrt Wilder Mann fährt er nicht ab, sondern auf den Seitenstreifen. Aufschluss. Aussteigen!

Was mach ich jetzt? In Freiheit. Ein kurzes Wochenende rattert noch mal durch den Kopf. Das Schlimmste war die Willkür der Lakaien. Und die kurze Ohnmacht zwischendurch. Das Ausgeliefertsein. Nicht wissen, was als Nächstes kommt. Ich lauf mal los. Ins Tal. Von der Bergwirtschaft aus einen herrlichen Ausblick über Dresden.

Zu Hause nehm ich zuerst ein gepflegtes Wannenbad. Mit ordentlich Schaum. Ich meld mich bei den Bullen. Lieber heute Abend, als früh aus dem Schlaf gerissen zu werden. Restgeld und Ausweis dabei. Volle Schachtel Kippen. Auf dem Weg das Pirnaische Tor. Selbstbedienung. Eine Bockwurst und einen halben Liter, bevor's in die Zelle geht. Ich lass mir Zeit. Durch die Fensterscheiben seh ich gegenüber das Riesengebäude. Den Knast im Innenhof stell ich mir schon mal vor. Mir wird flau im Magen.

Ich nehm den Fußgängertunnel. Erst mal falscher Ausgang, am Sporthaus raus. Wollt ich gar nicht. Auf der anderen Seite das Landhaus. Da muss ich rechts vorbei. Wenn ich die Gleise genommen hab. Also über die Ketten, das leiste ich mir jetzt. Das nennen die Absperrung, lächerlich.

Der Haupteingang vor mir, ich geh die Stufen hoch. Alles dunkel drinnen. Öffnungszeiten stehen dran. Heute geschlossen. Morgen früh geht's wieder los. Ich will mich grad umdrehen, da kommt jemand. Guten Abend, ich soll mich hier melden. – Ach so, die Bereitschaft ist um die Ecke an der großen Einfahrt, melden Sie sich da. – Ich lass mir Zeit. Auf der anderen Seite das Hochhaus. Unten die Selbstbedienung, in der ich gerade noch saß. Oben die Leuchtreklame »Der Sozialismus siegt«. An der Einfahrt drück ich die einzige Klingel. Da geht was auf. Ein Schieber öffnet den Ausschnitt. Ein Gesicht mit Kopfbedeckung. – Was woll'n Se? – Ich soll mich hier melden. – Hör'n Se auf mit dem Quatsch und stör'n Se nicht. – Dann geht das Loch wieder zu. Was war das denn? Die trampeln mir auf der Seele rum! Das hält doch keiner aus! Schnell nach Hause. Die Fische brauchen Futter.

Das Paradies

Bis Temeswar. Und über die Donau.

1989

Abteilung Darstellende Kunst, am Fenster zum Hinterhof. Wie so oft. Kurz frische Luft inhalieren und eine rauchen. Auch wie schon oft. Auf dem Fensterbrett im Joghurtbecher schwimmen Kippen.

Unten die Autosattlerei. Da lässt sich einer ein tragbares Telefon in die Mittelkonsole montieren. Cabrio. Die Fahrertür offen. Helles Leder. Der Meister hinter dem Sportlenkrad fummelt die Kabel zusammen. Ganz in Ruhe, wie immer. Dann rastet das Ding ein. Am linken Scheinwerfer der Kunde. Gut gebräunt. Von hier oben wie ein Stillleben.

Wieder rein. Weiter geht's. Tierarbeit steht auf dem Programm. Ganz schön anstrengend auf allen vieren. Und die Gesichtsgymnastik erst. Ich hab mich für einen Affen entschieden, sie als Krokodil. Nur einmal die Augen aufgeschlagen und die Wange hochgezogen für den Backenzahn. Das war's. Einfach genial. Der Sauerstoff hier drin inzwischen aufgebraucht. Klar, ohne Klimaanlage. Es stinkt wie im Raubtierhaus. Gehört auch zum Programm. Riechen. Was den eigenen Gestank einschließt.

Kurze Auswertung und raus aus der Probebühne. Die Treppen runtergerannt auf die Karlsruher. Zum Glück mit ihr. Sie hat das schönste Lachen, das ich kenne. Bisher jedenfalls. Und die Geschichten von ihrem Vater erst. Der vor anderen Gangstern flüchten musste. In die mexikanischen Berge. Stell dir vor, ein kleiner Mann im Anzug! Sie spielt ihn so lebendig, als wäre er da. Auch mit Schießeisen. Bilder aus der Kindheit blitzen in mir auf. São Paulo. Die Berge runter nach Santos. Der Strand. Von ihrer Mutter aus Halle an der Saale erzählt sie auch. Gemeinsamkeiten. Ach deshalb.

Oft gehen wir nach den Szenenstudien zusammen spazieren. Situationen einfangen und memorieren. Ein Dozent empfiehlt uns das ständig. Da gibt es fast alles, am Kudamm. Meint er. Aha. Lass ich heute ausfallen. Es zieht mich am Lietzenseeufer vorbei nach Hause. Den Kaiserdamm rüber bei fließendem Verkehr. Macht Laune. Kurz bei Bolle rein, Preisschilder umkleben. Schon wird's billiger. Den Einkauf hoch in die Wohnung. Auf den Dielen hinter der Tür liegen Telefonrechnung, Werbung und was Seltenes. Endlich mal wieder ein Brief von Vati.

In Simbabwe abgestempelt, auf Dienstreise also. Gut gemacht. Denn in Maputo, Mosambik, lesen die Genossen mit.

Ihren Heimaturlaub verbringen sie diesen Sommer

im Rilagebirge. Bulgarien. Mutti lässt auch grüßen. Sie freut sich so sehr auf mich. Klar werden wir uns treffen. Nach über fünf Jahren! Ich hab doch auch Sehnsucht, und wie. Da muss ich nicht mal ein Visum beantragen. Bekommt man direkt bei der Einreise. Den behelfsmäßigen Perso mag ich inzwischen. Kein Bundesdeutscher zu sein gefällt mir auch. Insulaner einfach, Westberliner. Diese Enklave macht's möglich. Mein alter Strichachter braucht zwar viel Öl, aber im Ostblock ist das kein Ding.

In Budapest bei Zsuzsa vorbei. Sie wusste von nichts. Um so schöner ist es unter ihrem Dach. Den ganzen Tag Sonne drauf, die Luft steht. In ihrem Bett die Liebe machen. Vor drei Jahren am Ufer einer Kiesgrube unser erstes Mal. Mit Blick auf den Balaton. Jetzt legt sie den Kopf in ihre Hand. Dabei entsteht dieses schöne Dreieck mit freiem Blick in ihre Achsel. Irgendwann macht sie den Arm lang und nickt ein. Sie schnarcht. Der Mund entspannt, die langen Haare total durcheinander. Wie sie so neben mir liegt, die Decke auf dem Boden. Ihr Bauchnabel hebt und senkt sich. Angetrockneter Schweiß bis in die Leisten. So einfach kann das sein.

Später schauen wir noch im Büro vorbei, bei Julian, ihrem Ehemann. Ich mag ihn und er mich. Er kann sich nicht entscheiden, ob er Männer oder Frauen liebt, sagt sie. In einem Bürohaus an der Donau putzt er seit einiger Zeit die Schreibtische, saugt den Teppich, leert die Papierkörbe und gießt die Blumen. Genau in dieser Reihenfolge. Sein Gehalt als klassischer Tänzer ist miserabel. Er ist fast fertig und stolz, wie alles glänzt. Lädt uns ein, aus dem Bürokühlschrank. Den Sekt vom Chef. Wir rauchen mit Blick auf die Kettenbrücke und das Gellert gegenüber im Wiener Jugendstil. Das schönste Thermalbad der Stadt. Die besten Masseure sind allerdings im Széchenyi.

Wir nehmen ein Taxi. Café Astoria an der Ecke. Gepflegte Patina aus der Monarchie. In der Tagesbar sitzen ihre Freunde. Schöner Empfang. Inzwischen verstehe ich ein paar mehr Worte Ungarisch. Ja, nein, danke. Igen, nincs, köszönöm. Sie freuen sich drüber und machen mir Komplimente. Die meisten kenne ich inzwischen. Sie diskutieren. Manchmal stimmen sie ein Lied an. Rotwein und Espresso vor sich. In Ungarn rauche ich am liebsten Sopianae. Die liegen schachtelweise auf den Tischen und in den kristallenen Aschenbechern die weißen Multifilter. Manchmal mit Lippenstift bis kurz vor dem Schriftzug.

Beim Bezahlen legt man zusammen, wie immer. Wir brechen auf, am Extratisch mit den Geldwechslern vorbei. Auf der Váci hoch- und runterrennen und Touristen anquatschen machen die schon lange nicht mehr. Hier im Laden bitten sie um Audienz. Mitten in der Stadt, bester Platz. Im Anzug und mit ausgelatschten Schuhen. Der Kurs wird als bester Preis angesagt. Ok? Gut. Den Gummi abgezogen, das Geldscheinbündel aufgeklappt und den kleinen Finger als Garderobenhaken. Über dem Tisch wird gezählt. Fix den äußeren Schein an der oberen Ecke nach hinten umgelegt. Daumen und Zeigefinger wieder loslassen, um den nächsten zu greifen, und der Mittelfinger zählt mit. Sie müssen die Kuppen nicht anfeuchten. Die Scheine sind abgegriffen. Dabei jeder Geldwechsler mit eigener Haltung. Sehr lustig, wie unaufgeregt sie tun. Obwohl es verboten ist. Offiziell. Hier haben sie also ihren eigenen Bankschalter mit gepflegtem Getränk. Ein Essen zwanzig Forint. Für die Westler so viel wie ein Mettbrötchen. Höchstens. Die haben genug zu tun. Ständig Espresso und den Gummi vom Bündel. Der Oberkellner kriegt nach jedem Geschäft selbstverständlich einen Schein zugeschoben.

Jetzt können wir wieder einkaufen. Und dann alle zusammen bei Zsuzsa in der Küche. Trappista-Käse und Pick-Salami in Mengen wie früher. Gelber Paprika und Brot war bezahlbar. Scharfe Paste Pista aus der Tube immer vorrätig. Aprikosenbrand auch. Aber der Rest? Aus den Boxen »Cars Hiss by my Window«. Schöner Blues von den Doors. Endlich mal ausruhen. Alle zwanzig Minuten ist einer am Plattenteller und wendet die Scheibe. Beim Nadelaufsetzen nicht gerade zimperlich. Er hält das Cover hoch. Und egés, Prost. Die letzte Nacht gefeiert bis zum Anschlag. Ich muss los. Übermorgen sehe ich meine Eltern. In Bulgarien. Im Lion Borovets.

Zwei Grenzen noch. Die erste hinter Szeged. Aus Budapest raus ist die Hölle im Berufsverkehr. Dann die M5 nicht zu schnell. Die Polente lauert überall zum Abkassieren. Bin ganz schön erschöpft vom Schlafmangel.

Die letzte halbe Stunde Landstraße mit Musik. In jedem Nest eine Zigeunerkapelle auf dem Bürgersteig. Ab und zu genieße ich ein Ständchen für mich. Anhalten, freundlich lachen und Augenkontakt bedeutet aber die ganze Kinderschar vor der Kühlerhaube. Keine Kaugummis dabei, wie dumm bin ich eigentlich? Kleingeld hab ich auch keins. Das kann heiter werden. Die gehen einfach nicht weg und lachen, wenn der Motor im Leerlauf aufheult. Das nervt. Gut, eine Tafel Schokolade geht raus. Aha. Selbst die Kleinen haben Angestellte. Der Chef ist höchstens zwölf und lässt sich die Ware überreichen. Dann streichelt er den Stern auf dem Kühlergrill. Ich hab's wirklich eilig, geb ich zu verstehen und leg den Ersten ein. Sie stieben kurz auseinander. Kuppeln, Gas. Im Rückspiegel seh ich sie weglaufen.

Kurz vor der Grenze nach Rumänien volltanken. Ölmessstab rausgezogen, abgewischt und wieder rein bis zum Grund. Oh, da muss auf jeden Fall noch was rein. Dann der Schilderwald. Wer soll da durchblicken? Im Schritttempo wird rangerollt an den Übergang. Die Scheiben unten. Schiebedach auf. Es wird immer heißer. Berliner Nummer wird durchgewinkt. Ich staune kurz. Dollar hab ich auf Tasche. Die Stange Zigaretten aus dem Transit-Intershop noch ungeöffnet. Na dann. Mal schauen.

Aber bei den Rumänen bewegt sich erst mal nichts. Autos in Schlange und die Schranke unten. Zwei Spuren, ich nehm die linke. Motor aus. Niemand zu sehen, es passiert nichts. Machen die Pause? Da kommt einer, stellt einen Verkehrskegel hinter mir auf und verschwindet wieder. Das war's schon? Alles wie geträumt. Die Augen fallen mir zu, sehr angenehm. Dann wird applaudiert. Bin sofort wieder wach. Aber nichts zu sehen. Das Klatschen muss aus dem Haus da kommen. Ich steige mal aus und laufe Richtung offener Tür. Da sitzt die ganze Grenzbrigade und starrt auf einen Fernseher. Ich seh sie alle von hinten. Die Mützen neben sich und rauchend. Ihre Blicke kleben am Bildschirm. Sieht aus wie eine Parteitagsrede. Kenn ich aus der Heimat. Klingt so und ist auch eine. Das muss der Präsident sein. Ich verstehe nichts. Einer entdeckt mich, schnappt sich einen anderen und dann Eskorte zurück zum Wagen. Kurz noch mal den Kegel umgestellt. Stempel in den Pass und durch. Ich glaub, die anderen warten immer noch.

Es kommt mir vor, als wär ich der Einzige auf Reisen. Vor mir hin und wieder ein mit Frauen und Kindern beladenes Fuhrwerk und Bauern im Sonntagsanzug zu Fuß. Die Anzüge passen hinten und vorne nicht, ein Gürtel im Bund macht, dass sie nicht rutschen. Die weißen Hemden hinten aus der Hose, zerknittert. Der Gang leicht schwankend. Den Hut haben sie jeden Tag auf ihrem verschwitzten Kopf. Sie lachen und winken, wenn ich im Schritttempo an ihnen vorbeifahre. Im Straßengraben ruhen sie sich aus. Busse scheinen keine zu fahren, die Haltestellen verwaist. In den Ortschaften die Fensterläden geschlossen, könnte aber auch an der sengenden Hitze liegen. Dazwischen Felder. Das Getreide kurz vor dem Bersten. Die Zeit ist hier stehengeblieben. Wann nur? Vor zehn Jahren? Vor zwanzig? Die Straßen schnurgerade bis ins nächste Dorf. Da steht einer. Der will mitgenommen werden.

Beug mich rüber zum Türgriff auf der Beifahrerseite. Er kommt verhalten ran und sagt etwas mit »Hospital«. Na klar, rein, setz dich. Dann fahren wir schweigend. Kurz hat er noch »Temeswar« gesagt. Alles klar. Ich bin so oft getrampt, und am glücklichsten war ich, wenn der Fahrer für mich einen Umweg gemacht hat. Muss ich jetzt nicht. Er sagt die ganze Zeit nichts. Rauchen will er auch nicht. Hält seine Habe zwischen den Knien. Dann zeigt er geradeaus, wo sein Ziel ist, und sagt »Frau«. Zeigt auf seinen Bauch und macht einen Ballon draus. Der Rest auch in Zeichensprache. Das dritte Kind. Also da, wo er hin will, da gibt's nichts zu trinken. Dann holt er die beiden Flaschen aus dem Nylonbeutel. Unter dem Kronkorken rostige Spuren. Das Getränk gelb. Mit Satz im Flaschenhals. Nektar, sagt er. Und meine Frau deutsch.

In den Dörfern gibt er mir Zeichen mit der flachen Hand. Meistens, damit ich langsamer fahre. Sein Kopf macht ständig diese Bewegung, wie wenn man versucht, in der Vorbeifahrt was festzuhalten. Und dann doch vorbeiziehen lässt. »Double take« nennen sie das an der Schauspielschule. Er sieht mich an und fragt »Kaffee«? Wahrscheinlich sieht er mir die Müdigkeit an. Seine Hand geht zur Brust. Minimale Verneigung. Und ich verstehe: Er will mir was Gutes tun. Die Gasthöfe haben zu, die kleinen Kneipen auch. Dann eine Raststätte. Ich möge doch ein Stück vorher halten. Er ist vorsichtig. Das wundert mich nicht. Von der Securitate spricht er. Wir laufen vor bis zum Eingang. Eine Halle voller Kronleuchter. Geschätztes Dutzend Tische rechts und noch mal so viele links im Raum. Im Mittelgang am hinteren Ende eine Art Paravent. Davor die Kellner. Sie stehen da, als würden sie den Weg zur Küche versperren. Ich soll stehen bleiben, gibt mir mein Mitfahrer zu verstehen. Dann läuft er los.

Zwischen den Tischreihen schreitet er den Raum ab. Immer geradeaus. Tischdecken vom Feinsten, jeder Platz eingedeckt mit Porzellan, Menübesteck und Gläsern. Zwei Varianten. Die hinten wundern sich. Er steht vor ihnen, fragt was. Es dauert nicht lange, und er dreht sich fassungslos um. Jetzt kommt er auf mich zu, schüttelt kurz den Kopf. Den Zeigefinger ausgestreckt, macht er eine ganz kleine Bewegung von rechts nach links. Und schaut noch mal auf die Tische. Läuft wortlos an mir vorbei Richtung Auto. Drehbuchreif. Er gibt mir zu verstehen, dass es nichts mehr zu essen gibt in den Geschäften und überhaupt. Zieht die Schultern nach oben, weiß nicht, wie er es erklären soll. Aber in der Stadt gibt es sicher was.

Temeswar. Die Hauptstraßen voller Menschen. Alle strömen in eine Richtung. Uniformierte und Männer mit Orden an der Brust, Kinder in Sonntagssachen und Frauen in ihren besten Kleidern. Eine krächzende Stimme brüllt aus Lautsprechern, total übersteuert. Alle zwei Strommasten ist so ein Trichter angeschraubt. Anstrengend. Ich soll abbiegen. Er zieht den Kopf ein. Will er nicht gesehen werden? Bin zunehmend verwirrt. Werde unsicher. Und da irgendwo parken. Jetzt! Er steigt aus, entfernt sich sofort vom Wagen und sieht erleichtert aus. Seinen Beutel umklammert er wie etwas Wertvolles.

Hinter dem Botanischen Garten ist das Krankenhaus und seine Frau. Aber vorher etwas essen und trinken. Das will er unbedingt. Osteuropäische Gastfreundschaft. Kenn ich ja. Wir lassen uns in der Menge durch die Gassen treiben, die Richtung Hauptplatz führen. Feinster Barock, aber seit Jahrzehnten nichts gemacht an den Fassaden. Vor den Marktständen stehen Leute in Schlangen und warten geduldig unter der Beschallung. Einige mit aufgespanntem Regenschirm, die Sonne brennt auf der Haut. Er reiht sich ein. Dann winkt er mich irgendwann ran und übergibt mir eine Pappe mit einer länglichen Bulette. Ist die gebraten oder gekocht?, überleg ich kurz. Verdünnter Senf tropft mir knapp vor die Schuhspitze. Noch eine Flasche ohne Etikett. Beer, sagt er. Ich verdrück das Feste und bin froh, eine Hand frei zu haben. Will gerade mit ihm anstoßen, da versenkt er seine Flasche im Beutel. Hat es auf einmal eilig. Klar. Zu seiner Geliebten will er.

Ich muss weiter. Durch die Walachei, wie mein Onkel

Michi das ganze Land nannte. Als Kind dachte ich dabei immer an Pferde. War aber nie da. Bis heute. Jetzt hab ich schon die Gesichter meiner Eltern vor Augen und kann es immer weniger erwarten. Der Geschmack im Mund wird ranzig. Vielleicht mal Zähne putzen, wäre eine Maßnahme. Im Magen fängt es an zu rumoren. Was ist das denn? Vielleicht der Imbiss vorhin? Keine Ahnung, es wird immer schlimmer. Ein Ausflugslokal ist angezeigt, aber das gleiche Ergebnis wie heute Vormittag. Die haben nichts. Ob ich mal aufs WC könnte? Einer zeigt Richtung Garten. Da stehen zwei Hütten. Eine Betonwand trennt die Geschlechter. Ein rostiges, verdrecktes Becken im Boden mit zwei Fußsohlen und einem Loch dazwischen. Vorn noch zwei Haltegriffe. Links und rechts neben der Schwingtür. Mir ist jetzt alles egal. Über mir schreit die Stimme vom Vormittag immer noch aus einer Holzbox. Die Frontverkleidung ist ab, die Membran zittert im Takt, die Kabel bis zum Haus gezogen. In Hüfthöhe Zeitungspapierfetzen über einen rostigen Nagel gedrückt, als Klopapier. Das Bild vom Schreihals drauf. Ich versuch mal, Ordnung zu schaffen zwischen den Beinen. In einem Plasteeimer frisches Wasser. Glück gehabt.

Zurück auf der Straße, wird das Ausweichen immer riskanter. Mein Hupen wird ignoriert, wirklich keiner reagiert. Taub sind die nicht. Aber heute gehört ihnen offenbar die Straße. Beim langsamen Überholen ein wettergegerbtes Gesicht neben mir. Einmal hat der sich mindestens hingelegt. Was für eine Schürfwunde. Längst an ihm vorbei, seh ich im Rückspiegel seine Hand zum Gruß. Fast hätte er die Balance verloren. Verrückt ist das hier. Das ganze Volk im Rausch, so kommt es mir vor.

Der nächste Ort muss an der Donau sein. Ich falt mal den Falk auf. Scheiße. Falsch zugeblättert in Budapest. Vorsicht! Ständig Angst, dass das Papier zerreißt. In welche Richtung geht's jetzt zurück? Ich hab's. Der Teil für Osteuropa hat einen viel zu kleinen Maßstab.

Am Horizont ein riesiger Wasserturm. In die Stadt rein fahr ich betont langsam, also Streife. An einem Brunnen sitzen Männer mit offenen Hemden auf dem Rand. Sie spritzen mit Wasser und grölen. Sonst kaum jemand zu sehen. Am Ortsausgang eine Anhalterin. Weiße Bluse, Rock und Absatzschuhe. Elegant. Sie macht einen Besuch bei den Eltern in Calafat. Ja, komm rein, genau da muss ich hin! Die Fähre nach Vidin werde ich nehmen. Sie spricht Englisch, das tut gut. Wenn die Fähre überhaupt fährt, sagt sie. Diesel ist auch knapp. Sie hat sich zwei Tage freigenommen. Im Hotel ist nichts los. Sie zeigt auf ihr Kostüm. Rezeptionista, sagt sie stolz. Bettwäsche haben sie, aber keine Frühstückseier. Sie spricht es wie einen Witz aus, aber kurz nach dem Satz versteinert ihr Lächeln im Gesicht. Ich frage, was los ist heute. Die Republik hat Geburtstag. Alles eine einzige Katastrophe. Den Strom abgestellt kriegen sie ohne Vorwarnung. Die Lebensmittellieferungen fallen aus. Es gibt einfach nichts. Die Leute hungern, aber sie destillieren alles, was geht. Wir sind gleich bei meiner Mutter, sagt sie.

Die Öllampe kommt. War ja klar. Die ganze Zeit untertourig fahren, das mag der Diesel nicht. Der letzte Liter im Kofferraum. Ich lass mir Zeit. Die Umgebung ist so beruhigend. Diese hörbare Stille.

Könnte sofort einschlafen. Geht aber nicht, weiter. Die Motorhaube fällt mit dem gewohnten Klang ins Schloss. Kurz nachdrücken, und sie ist zu. Jetzt seh ich sie hinter der Scheibe auf dem Beifahrersitz. Die Sonnenblende unten, sie schminkt sich. Sie wirkt etwas aufgeregt, als wir in ihre Straße einbiegen. Auf keinen Fall vor ihrem Hoftor parken. Ich lass sie raus und stell mich drei Häuser weiter an den Rand. Die Grundstücke sind alle gleich. Neben dem Wohnhaus die Einfahrt. für den Trecker.

Die Metalltür zieh ich quietschend hinter mir zu, dann trau ich meinen Augen nicht. Urplötzlich das Paradies. Das muss der Garten Eden sein. Einfach hineinsinken, liegen und im Schatten einschlafen. Ich sehe Pfirsichbäume, Pflaumen und Aprikosen. Der Truthahn ist ihr ganzer Stolz. Er heißt Toni und ist der Chef hier. Hinten noch der Schweinekoben neben dem Hühnerstall. In den Beeten Gurken, Tomaten und Zwiebeln. Wein an der Hauswand. Ich werde überall hingeführt. Ob es mir gefällt, fragt die Tochter. Da geht mein Daumen hoch. Sie kreischt über die Geste. Und die Mutter winkt mich ran. Jetzt kommen Sie doch erst mal rein! Etwas kühler hier drin. Tut gut. Danke, dass sie unsere Liebste mitgenommen haben, ich müsste doch Hunger haben, lässt sie gleich von ihr übersetzen. Nach Essen ist mir eigentlich nicht zumute. Sie zeigt auf die Nescafédose im Regal, als wäre es das Normalste der Welt. Ja gern. Dazu einen Klaren. Muss sein. Dann zeigt sie gen Himmel und gibt mir das Zeichen zum Kippen. Ich mach ja schon. Danke. Vielleicht hilft es dem Magen. Auf dem Herd brodelt eine Hühnerbrühe, meint sie, die muss ich unbedingt probieren. Sie sind so froh, nicht in der Stadt zu wohnen, da kommt kein Licht aus der Lampe! Ich nicke, schon davon gehört. Trotz Ablehnung dann doch ein Teller vor meiner Nase. Was ist nur los? Sieht lecker aus und riecht auch so. Aber mir ist kotzübel. Wann denn die Fähre geht, frag ich. Meine Eltern werden im Rilagebirge sein. Sehr schön ist es da, schwärmt sie. Aber selbst war sie noch nie da. Der Mann sagt kaum was. Seine Arbeiterhände voller Schwielen schenken nach. Auch am Hals sieht er aus wie ein Kohlenträger. Seine Augen sprechen von Freundlichkeit. Ich mag ihn. Zum Abschied füllt er mir etwas ab. Als Wegzehrung.

Am Ende der Straße das Schild mit dem Hinweis auf Übersetzen mit dem Auto. Endlich. Die letzte Grenze. Vor mir polnische Touristen in winzigen überladenen Zweitürern. Sie sitzen neben den Wagen auf Campingstühlen und warten in der Abendsonne. Ich versuche zu zählen. Auf mindestens dreißig komme ich. Ich dämmere vor mich hin, bis es klopft. Aufs Autodach. Neben mir ein Uniformkoppel im Hosenbund. Jetzt beugt sich der Grenzer runter auf Augenhöhe. Zeigt auf die Stange Zigaretten im Fußraum vor dem Beifahrersitz. Ich biete ihm eine aus meiner angerissenen Schachtel an, da wird er auf einmal ernst. Ach, er meint eine ganze Packung. Verstehe. Ganz schön unverschämt. Ich reich eine raus, und er raucht schweigend. Umkreist dabei meinen 220er Benz. Wie im Autosalon. Seh ihn im Rückspiegel lange an der Heckklappe stehen. Sein Gesicht in der Abendsonne. Dann öffnet er die Tür zu meiner Rechten und setzt sich neben mich. Meinen Passaporte will er sehen. Und wieder der Fingerzeig auf die Stange. Noch 'ne Schachtel oder wie? Klar. Er soll sich eine rausnehmen. Bin zu faul, mich zu bücken. Er verstaut alles und macht den ausgestreckten Arm. Losfahren soll ich. Wohin? Ich verstehe nicht. Na, an denen vorbei! Ich setze den Blinker links. So ist gut. Er lacht stumm. Wir überholen die anderen bis vor zum Hafen. Dabei grinst er in jedes einzelne Gesicht der Wartenden. Vor den ersten, meint er. Er steigt aus und verabschiedet sich mit gespieltem Berufsernst. Ich schau kurz aus dem Fenster. Die Vorderräder fast in der Donau. Bei Wellengang auf jeden Fall. Pedal von der Feststellbremse durchgedrückt und Rückwärtsgang rein. Zikaden, Sterne und Wasserrauschen. Morgen früh kommt die Fähre. Ich schlafe sofort ein.

Ein Knall und dann metallisches Schleifen auf Stein. Vor mir die offene Bugklappe. Motoren werden angelassen. Alles erwacht. Ich auch. Mit großer Erwartung und unbändiger Vorfreude. Mit jeder vergehenden Minute wird mir das bewusster. Was für eine Strecke die Eltern hinter sich haben werden. Selten unter achtzehn Stunden reiner Flugzeit, schrieb Vati im Brief. Schon beim Ablegen denke ich, die letzte Reihe Autos verlieren wir unterwegs. Der Decksmann hat sich ewig Zeit gelassen beim Kurbeln. Dann schau ich mir das Gefährt näher an und weiß: Die Werft hat es schon lange nicht mehr gesehen. Völlig verrostet und immer wieder Farbe drauf. Das blüht an tausend Stellen. Auf der Brücke gelassene Heiterkeit. Der Kapitän und Steuermann in einem funkt die ganze Zeit. Das Radio auf maximaler Lautstärke. Haben die hier alle was an den Ohren? Beim Gang einlegen scheppert es furchtbar im Maschinenraum. Jetzt fällt alles auseinander, denke ich nicht nur einmal. Auf halber Strecke ein Manöver: Rückwärtsgang. Volle Fahrt, bis das Schiff zu stehen scheint. Den Rest des Weges lässt es sich treiben. Kenne ich von den kleineren Elbfähren in Dresden. Der angenehme Teil kommt jetzt, denk ich. Fahrtwind. Dann wieder ein Ruck durchs Gebälk. Kurz den Gang rein und das Heck Richtung Flussmitte.

Die Ersten lassen die Motoren an. Ein Geschrei über das Deck. Der Typ für die Klappe muss ran. Er kommt in aller Ruhe. Kurbelt und raucht. Der kennt sich aus. Macht das nicht erst seit heute. Nach dem Anlegen mimt er den Einweiser. Ich bin der Letzte, der runterfährt. Die meisten vor mir setzen in der Delle zwischen

Klappenende und Beton auf. Danach geht's sofort steil rauf. Bei mir kratzt die Ölwanne am Boden. Oder war das der Auspuff? Ich schau gleich drunter. Alles im grünen Bereich.

»Sofia 197« steht da. Katzensprung. Borovets 73. Keine Hürde. Das sind dann die Kilometer, wo man jeden einzelnen runterrechnet bis zum Ziel. Egal in welchem Zustand. Ich kann kaum noch. Fahre einfach nur noch stur weiter. Liegen will ich. Unterwegs drei Kaffee und Wasser. Dann steh ich auf dem Parkplatz vor dem Hotel. Ich schau mich kurz um: deutsche Nummernschilder aus zwei Ländern. Absurd. Ja, zwei Doppelzimmer auf den Namen haben sie. – Ihre Eltern kommen spät am Abend an. – Danke. – Koffer rauf und in die Dusche. Eine Wohltat. Der Wasserdruck lässt zu wünschen übrig. Macht nichts. Morgen lass ich mir 'ne Wanne ein. Ich leg mich nackt ins frisch gemachte Bett. Es riecht nach Chlorbleiche und grünen Äpfeln. Zieh das Kopfkissen ran und vergrabe mich. Herrlich.

Ich weiß nicht, wie lange ich geschlafen habe. Ich wache schweißgebadet auf. Die Nachttischlampe brennt. Draußen ist es dunkel. Am Fußende sitzt Mutti. Jetzt rückt sie ran und legt ihren Handrücken auf meine Stirn. Wie früher. Junge, du bist ja ganz heiß! Aber ich friere, sag ich. Sie deckt mich weiter zu und richtet die Bettdecke. Du musst viel trinken, meint sie und reicht mir ein Glas Wasser. Dabei schauen wir uns das erste Mal seit Jahren wieder in die Augen.

Epilog

Adams Gasthof. Moritzburg.
Die Familienfeiern.
Gute Gelegenheit.

Aus der Stadt raus,
Durch die Heide den Boxberg rauf.
Bis zum Schloss. Automatik.

Die Liebsten treffen.
Ich hab eingeladen. Arthur fehlt.
Unentschuldigt. Macht nichts.

Einiges passiert.
Nichts Besonderes.
Wir bleiben im Gespräch.

Dank

Ich danke meiner Familie, den Protagonisten.
Und meinen Freunden.